国家自然科学基金项目（项目编号：71774036、720

U0620806

经管文库·经济类

前沿·学术·经典

区域创新生态系统共生要素对
知识涌现的影响研究

RESEARCH ON THE IMPACT OF SYMBIOTIC
ELEMENTS OF REGIONAL INNOVATION
ECOSYSTEMS ON KNOWLEDGE EMERGENCE

闫玥涵　苏　屹 著

经济管理出版社
ECONOMY & MANAGEMENT PUBLISHING HOUSE

图书在版编目（CIP）数据

区域创新生态系统共生要素对知识涌现的影响研究 /
闫玥涵，苏屹著. -- 北京：经济管理出版社，2025.

ISBN 978-7-5243-0175-2

Ⅰ. F061.5；G322.0

中国国家版本馆 CIP 数据核字第 2025R1U119 号

组稿编辑：王　洋
责任编辑：王　洋
责任印制：许　艳
责任校对：蔡晓臻

出版发行：经济管理出版社
　　　　　（北京市海淀区北蜂窝 8 号中雅大厦 A 座 11 层　100038）
网　　址：www. E-mp. com. cn
电　　话：（010）51915602
印　　刷：唐山昊达印刷有限公司
经　　销：新华书店
开　　本：720mm×1000mm/16
印　　张：14.5
字　　数：230 千字
版　　次：2025 年 3 月第 1 版　　2025 年 3 月第 1 次印刷
书　　号：ISBN 978-7-5243-0175-2
定　　价：98.00 元

前　　言

　　当前，全球面临价值链重构、大科学时代带来的挑战，提升我国创新体系效能、发挥系统优势实现知识涌现，对突破核心技术实现科技自强、加速提升全球价值链分工地位具有重要意义。区域创新生态系统是我国实现创新发展战略的根本保障，实现知识涌现是系统发展的重点任务。已有研究借助传统还原论分解复杂现象的方式不足以解释系统的知识涌现现象，需要以共生理论为基础，深入理解区域创新生态系统共生发展的内在本质，关注主体与主体、主体与环境之间的交互作用和非线性特征，充分发挥区域创新生态系统共生要素的作用实现系统的知识涌现。本书以共生理论贯穿全书，援引耗散结构理论、知识基础理论及社会网络理论，综合运用耗散结构分析法、系统动力学仿真法、社会网络分析法、计量经济学回归分析和模糊集定性比较分析等方法开展区域创新生态系统共生要素对知识涌现的影响研究，揭示共生要素对知识涌现的重要作用及影响方式。在丰富相关理论的同时，为我国区域创新生态系统的知识创新发展提供管理启示。

　　第一，通过对国内外相关研究成果及文献的梳理、归纳，界定了区域创新生态系统的概念、区域创新生态系统共生要素的概念以及知识涌现的概念。在共生理论、知识基础理论、耗散结构理论与熵理论和社会网络理论的基础上，设计了区域创新生态系统共生要素对知识涌现影响的研究框架。

　　第二，对区域创新生态系统共生环境及其对知识涌现的影响进行相关研究。在耗散结构理论的基础上，基于系统的熵变构建代谢型、还原型、支持型、压力型四个维度的共生环境评价指标体系，衡量区域创新生态系统的共生环境，依据各区域创新生态系统共生环境的评价结果，用面板回归技术探究区域创新生态系统共生环境与知识涌现的线性关系，并利用面板门槛回归技术探究二者的非线性关系。

第三，解析区域创新生态系统共生关系对知识涌现的影响。依据共生内涵，分析区域创新生态系统知识创新子系统和创新金融子系统主体间的共生关系，借助种群竞争 L-V 模型的相互作用系数识别当前我国各区域创新生态系统的共生关系；并将 L-V 模型引入系统动力学模型，根据共生要素的因果关系解析知识涌现产生的来源，用 Vensim PLE 软件进行仿真分析，对不同共生关系下区域创新生态系统知识涌现的过程和结果进行模拟，剖析了共生关系变化对知识涌现的影响。

第四，对区域创新生态系统共生网络对知识涌现的影响进行研究。基于社会网络理论构建并分析由基础共生单元合作形成的区域创新生态系统的内、外部双层共生网络，建立区域创新生态系统共生网络对知识涌现影响的面板模型，用负二项回归方法验证内部共生网络规模、聚类系数及外部嵌入共生网络规模、结构洞对区域创新生态系统知识涌现的影响，并将内部合作知识基础纳入外部嵌入合作和知识涌现的分析中，探讨内部合作知识基础的调节作用。

第五，在分别探讨共生环境、共生关系、共生网络对区域创新生态系统知识涌现影响的基础上，进一步地整合区域创新生态系统的共生环境、共生关系、共生网络三个层面的共生要素，分析区域创新生态系统共生要素组态与知识涌现的关系。以我国 30 个省份为研究对象，结合必要条件分析法（NCA）和模糊集定性比较分析法（fsQCA）对知识涌现的必要条件和充分条件进行分析，从组态视角探讨知识涌现的多共生要素耦合路径，发现共生要素与知识涌现的多重潜在并发因果关系，探索多种共生要素影响知识涌现的组态效应。

第六，提出了基于共生要素促进区域创新生态系统知识涌现的对策与建议。根据我国区域创新生态系统共生现状，从改善共生环境、协调共生关系、优化共生网络和配置共生要素组合四个方面提出促进区域创新生态系统知识涌现的政策建议，以及各区域创新生态系统的具体发展措施。

目　录

第一章

绪论

一、研究背景目的与意义

（一）研究背景

在新一轮科技革命中，我国科技创新的广度和深度不断拓展，创新能力得到了进一步增强，国家战略科技力量加快壮大，关键领域取得新突破，但关键领域创新支撑能力不强，科技创新还面临一些挑战，需要提高国家体系的整体效能。2023年3月发布的政府工作报告中指出，要完善国家和地方创新体系，增强创新的引领作用。科学技术在我国始终处于重要战略地位，是经济发展的有力支撑。该政府工作报告明确了高校、科研院所的重要作用，企业的主体地位，以及政府的组织作用。在当前的创新情况下，多主体的互补与协作才能满足人工智能、生物医药、新材料等新兴产业对知识的需求，深入实施创新驱动发展战略，巩固经济发展根基。区域创新是一国经济发展和国家竞争力提升的支撑，各地区凭借多主体的互补协作开展各具特色的区域创新，能在挑战中实现中国的发展，加速创新型国家的构建。现代科学发展日新月异，融合深度、广度和复杂程度前所未有，集智攻关、团结协作是大科学时代的必然趋势。创新链、产业链融合，关键是要加快构建龙头企业牵头、高校院所支撑、各创新主体相互协同的创新联合体。以北京为例，该地区拥有以清华大学、中国科学院为代表的顶尖高校和科学研究院，它们在基础科学研究方面有着顶尖的科研实力，企业倾向于与这些科研机构签署科技合作协议，构建创新联合体，结合创新发展需求布局创新。为了使区域创新系统成为落实我国创新驱动发展战略的有效单元，政府为各地区提供了税收优惠等政策来保证企业、高校和科研院所这些区域创新系统的知识创新主体的持续创新，并增强科技金融服务及中介服务机构专业化程度，提升知识产权保护力度，搭建重点实验室，为创新发展提供保障。

由于创新主体自身拥有的资源有限，无法满足日益复杂的创新需要，创新主体有资源整合和风险共担的需求。创新主体得益于地理、组织和制度上的邻近性[1]，在区域范围内自组织机制下，创新主体彼此识别，进行知识交流[2]、知识创造[3]，逐渐出现企业间频繁合作、企业与具有基础科学研究及发明创造优势的大学和科研院所进行联合研发的现象。创新方式从独立创新转变为共生创新[4]，推动着区域创新发展。学者们也注意到主体间合作并不是独立于环境的，创新生态系统的创新取决于外部环境的变化[5]，必须吸引各类资源形成良好的共生环境，为系统内成员创造共生条件，使成员可以灵活地选择关系，与整体系统联系在一起实现共生演化。学者们关注的重点从单独创新主体的作用转变为关注主体之间的相互作用关系，以及系统与环境间的相互作用，区域创新生态系统应运而生，这一概念自2004年美国首次提出以来，其理论研究也越来越丰富。以往只关注自身生存，忽视其他主体生存发展对自身生存影响的理念不再适用，各主体有意识地与其他主体连接成为一个整体，追求共生，创造单独主体无法创造的价值，发挥系统功能，使区域创新生态系统成为实现国家创新发展战略的重要支撑。

中国处于知识经济时代，知识是区域创新生态系统中最具价值的资源[6]，知识创新意味着利用已有的知识创造新知识并实现知识增值[7,8]。知识涌现是区域创新生态系统发挥系统优势产生的知识创新，是实现知识经济价值的前提，也是创新发展的关键。虽然现有研究对区域创新生态系统已有足够的重视，且已将共生理论应用在研究中，但对区域创新生态系统知识涌现的研究较少。如何有效促进区域创新生态系统的知识涌现值得深入研究。具体而言，需要对以下问题进行探讨：如何定义区域创新生态系统的知识涌现？到底何种因素会影响知识涌现？怎样的区域创新生态系统共生要素才能发挥系统的作用促进知识涌现？由此，本书以省际为边界的区域创新生态系统为研究对象，依托共生理论将其看作是由共生要素构成的共生体，包括共

生环境、共生关系、共生网络三个共生要素，深入探究共生要素对区域创新生态系统知识涌现的影响，从共生要素视角提出建设区域创新生态系统的对策建议，为区域乃至国家创新发展提供帮助。

（二）研究目的

本书的主要研究目的是，在相关概念及理论分析的基础上，明确区域创新生态系统知识涌现的含义，将共生理论与区域创新生态系统相结合，分别探究区域创新生态系统共生环境、共生关系、共生网络三个共生要素对知识涌现的影响。推动区域创新生态系统知识涌现的发展，为区域创新生态系统乃至国家创新生态系统共生体系的构建提供理论依据。具体研究目的有以下三点：

第一，从共生视角完善区域创新生态系统知识涌现研究的理论体系。明确我国各区域创新生态系统共生环境情况，探寻区域创新系统共生环境对知识涌现的影响；观测共生关系变化对知识涌现的影响；构建区域创新生态系统的内部和外部双层共生网络探讨双层共生网络对知识涌现的影响。

第二，用模糊集定性比较分析方法探讨共生环境、共生关系、共生网络中多种前因条件的组合对区域创新生态系统呈现出的高、非高水平知识涌现的作用，揭示共生要素的耦合对知识涌现的影响。

第三，通过区域创新生态系统共生要素对知识涌现的影响研究，为促进区域创新生态系统知识涌现、加快创新驱动发展战略、区域的协调发展提供更有针对性的对策及建议。

（三）研究意义

本书具有重要的理论与实践意义，具体如下：

1. 理论意义

第一，促进了共生理论与创新生态系统理论的交叉融合。本书依据共生理论，将区域创新生态系统的共生要素与知识涌现纳入同一研究框架中，深化对区域创新生态系统共生要素的理解，扩展了共生理论的研究领域。从共生环境、共生关系、共生网络三个维度探讨区域创新生态系统共生要素对知识涌现的影响，为提升区域创新生态系统知识涌现提供了共生理论基础，对区域创新生态系统的创新发展具有理论指导意义。

第二，丰富并发展了共生要素对知识涌现影响的理论体系。区域创新生态系统的知识涌现是各地区创新发展的基础，以往的研究尚不明确如何才能促进区域创新生态系统的知识涌现，且缺乏对知识涌现的实证研究成果。本书探究了共生环境、共生关系及共生网络对知识涌现的影响，在丰富共生要素对知识涌现影响研究的同时，为促进知识涌现提供了依据。

第三，从组态视角明确了区域创新生态系统知识涌现的共生要素驱动机制。着眼于共生要素的共同作用，引入组态视角深入地探讨共生要素对知识涌现的复杂影响，识别导致高水平和非高水平知识涌现的组态路径，为实现区域创新生态系统共生要素的价值提供组态视角。

2. 实践意义

第一，为我国各区域创新生态系统实现知识涌现提供思路。随着创新驱动发展战略的实施、高质量创新发展的要求对知识的需求日益加剧，只有立足于推动区域创新生态系统的知识涌现，才能实现国家创新目标。通过构建共生要素与知识涌现关系的研究框架，探究共生环境、共生关系及共生网络对知识涌现的影响，扩展了区域创新生态系统共生要素的功能，拓宽了区域创新生态系统知识涌现的研究视野，为各区域创新生态系统知识涌现提供了一条基于共生视角的解决思路。

第二，对区域创新生态系统的共生发展具有重要借鉴意义。本书分别给出了衡量共生环境、共生关系和共生网络的方式，有助于掌握共生要素状态。通过探究区域创新生态系统多维度共生要素对知识涌现的影响，总结出能有效促进区域创新生态系统知识涌现的共生要素特点，为当前各区域创新生态系统共生要素的进一步发展提供指引，也为政府制定相应的共生要素优化策略提供有效的帮助。

第三，为优化区域创新生态系统共生要素配置提供指导。本书在探究共生环境、共生关系及共生网络单独共生要素对知识涌现影响的基础上，分析了三个层面共生要素之间的复杂相互作用，发现提升区域创新生态系统知识涌现的多条路径，进而为各区域考虑当地的共生要素优势，制定合适的发展策略提供有效的建议。

二、国内外研究现状

（一）区域创新生态系统研究现状

1987 年，英国经济学家 Freeman 指出国家创新系统是提高国际竞争力的来源，一个国家的创新发展是制度和研究发展共同作用的结果，最早提出国家创新系统概念[9]。1992 年，Cooke 将地理上分工合作的主体构成的区域性组织定义为"区域创新系统"[10]，1993 年，Nelson 提出国家创新体系，这一体系的中心是公司的研发机构，并指出了大学和政府的有益作用[11]，Lundvall（1992）则在国家创新系统的探究中关注了系统知识生产的功能[12]。创新系统逐渐成为探究创新的主流范式，对创新的思维方法也从线性逐渐向非线性发展。由于硅谷构建的以地区网络为基础的工业竞争体系的成功经验[13,14]，孕育了从生态学角度探究创新优势的思想的产生。"创新生态系统"的概念也随之出现，2004 年美国总统科技顾问委员会报告首先提出这一概念，随后其理论研究越来越丰富。创新生态系统的研究跨越不同层次，包括组织、部门、区域、国家和国际层面，每个层面中均存在相似的多主体互动关系，仅在尺度上存在区别[15]。创新生态系统理论使以往只关注自身生存，忽视其他主体生存发展的理念不再适用，各主体有意识地与其他组织连接成为一个整体，创新生态系统也能创造出单独主体无法创造的价值。从区域层面来说，黄鲁成指出区域技术创新生态系统是"在一定空间范围内，创新主体和创新环境通过创新物质、能量及信息流动而相互作用、相互依存形成的生命共同体"[16]。为了使区域创新系统成为促进国家创新的重要工具，从创新生态观出发培育区域创新生态系统显得尤为重要。

1. 区域创新生态系统结构的研究

Russell 等（2011）认为创新生态系统是有机系统，是由组织、技术、经济、政治制度等各种要素联结互动而成的，信息、人才、知识等在系统中的流动能改变创新生态系统[17]。欧忠辉等（2017）认为创新生态系统是包含共生环境，以及实现价值创新的核心企业及其配套组织的复杂系统[18]。欧盟官方发布的《开放式创新2.0》报告中指出，创新生态系统主要由政府、企业、大学科研、用户四部分构成。李晓娣和张晓燕（2019）在区域创新生态系统的研究中指出系统由共生网络和共生环境构成，在共生要素的共生作用中运行[19]。Zmiyak 等（2020）认为区域创新生态系统是企业、政府和大学的三螺旋模型，大学在区域创新生态系统发展中是重要主体，大学具有可以涵盖创新过程的所有阶段的优势[20]。唐开翼等（2021）遵循创新生态观的研究架构，从创新主体、创新资源及创新环境三个层面构建区域创新生态系统的分析框架，探讨了驱动创新绩效的协同机制以及创新要素之间的互动关系[21]。蔡杜荣和于旭（2022）从"架构者"的理论视角出发，提出了一个包含政府角色的生态系统分析框架。在新生期，政府是创新生态系统的架构者，其政策效应是创新生态系统形成的动力；在成长期和成熟期先驱企业取代政府成为架构者[22]。王璐瑶和曲冠楠（2022）探究新时代"模式3"知识创新"多重螺旋"生态系统的主体特征与拓扑结构。"多重螺旋"范式将公众、媒体、制度环境等要素主体纳入传统的创新主体中，以此为基础讨论系统性提升我国科研创新能力，应对"卡脖子"挑战的可行路径与具体措施[15]。

2. 区域创新生态系统运行机制的研究

贺团涛和曾德明（2008）基于系统的运作模式建立了提供有机创新环境的生态机制、共同目标及利益设定的线性机制和多方主体多方面深层次交流的非线性机制[23]。刘志峰（2010）基于对系统功能机制的整体考虑，提出了区域创新生态系统的动力机制、延续系统有序性的复制机制、复杂创新过程诱发的变异机制、要素排序及集合方式变化的重组机制，以及阻碍偏离健康运行轨道的控制机制[24]。郁培丽（2007）根据系统阶段性演化的特征进行了理论分析，归纳总结出其演化机制[25]。Bramwell 等（2012）探讨了在不断试错及调整的创新过程中，当地的企业和大学之间的知识共享和交易机制是区域经济发展的关键[26]。陈瑜和谢富纪（2012）从动态视角揭示了系统演化过程[27]。Song（2016）提出创新生态系统的企业与上游、下游合作伙伴的互动机制增加了技术的复杂性，其中与上游的互动机制对创新绩效的影响更明显[28]。Davis（2016）和 Tamayo-Orbegozo 等（2017）关注到不同创新主体之间的协同模式、协同效率等问题[29,30]。Gamidullaeva（2018）指出信息和数字技术的积极发展促进了新形式的创新中介的出现，强调创新中介的特定类型及其激励机制，并指出创新中介在创新生态系统中的作用，可在创新生命周期的所有阶段为所有利益相关者提供复杂的支持[31]。Radziwon 和 Bogers（2019）认为企业在区域创新生态系统中与外部合作伙伴合作并创造价值，这一过程是由共同的目标和财务支持驱动的[32]。Ott 和 Rondé（2019）从刺激创新和互动层面明确了 RIS 的内部知识传播机制，研究活动与知识积累的协调影响着创新能力的形成[33]。Lopez 等（2019）的研究表明协同性是创新生态系统的重要运行基础[34]。李柏洲等（2022）运用 Agent 建模仿真方法分析了创新网络在市场机制和政府调控下，创新主体、政府及环境之间的知识动态交互过程[35]。张妍和任新茹（2022）依据包括情境、成员、结构、合作、能力、变化的 6C 研究框架探索了创新生态系统演化的核心驱动力，指出外在动力是系统新兴阶段的驱动力，内在动力是多样化阶段的驱动力[36]。

3. 区域创新生态系统的评价研究

学者们对区域创新生态系统十分关注，对于如何对其评价，主要从适宜度、健康性、协调度、可持续性四个方面进行了评价。在系统的适宜度方面，孙丽文和李跃（2017）认为生态位适应度和演化的结合能为研究区域创新生态系统提供新颖视角，根据生态位测度了京津冀地区的现实情况，并根据生态位现实情况与最适宜生态位的差距提供了系统发展的调整方向[37]。姚远（2019）基于前景理论从损益角度构建了生存、发展和竞争维度，建立了生态位适宜度的指标体系，得到了区域创新生态系统的综合前景值[38]。解学梅和刘晓杰（2021）将区域创新生态系统生态位划分为物种和非物种，在此基础上构建了基于创新群落和非物种的资源、生境和技术生态位指标体系，最终得到 30 个省份的生态位适宜度[39]。

在健康性方面，Iansiti 和 Levien（2004）总结了现代商业成果的多种因素，指出生态系统的重要作用，并提出了生产率、生命力和缝隙空间创造能力三个标准来评估生态体系健康状况[40]。苗红和黄鲁成（2008）运用多层次模糊综合评价区域创新生态系统运行时的外部胁迫、自组织程度、整体功能测度系统的健康状况[41]。姚艳虹等（2019）从企业主体视角出发，关注能反映系统健康运行的生产率、适应力和多样性三方面指标，通过线性加权法评估了系统的健康度[42]。李晓娣等（2021）从多样性、可持续性、抵抗力、系统活力四个维度选取了 22 个三级指标构建了维持系统健康运行的指标体系，在此基础上构建了四个维度的变化速度矩阵，得到健康性活力值，测算了区域创新生态系统的健康水平[43]。范德成和谷晓梅（2021）将创新生态系统进化划分成了孕育、演化和优化阶段，根据各个阶段的重要因素构建了能体现系统健康的指标体系，基于此用改进熵值法得到了系统健康性得分[44]。张瑶和张光宇（2023）结合基于熵权的 TOPSIS 模型和耦合协调度模型相结合的方式从环境、网络、主体三个层面评价区域创新系统的健康性[45]。

在协同度方面，胡彪和付业腾（2015）关注要素在创新生态系统中的流动，引入协调发展度测量模型定量评价了天津市创新生态系统的协调水平[46]。Cai 和 Huang（2018）对区域创新生态系统的系统协调性进行评价[47]。何向武和周文泳（2018）借助 L-V 竞争模型构建了生态系统固定资产投资及研发创新的相互作用模型，并结合生产经营水平对 RIS 的系统性进行了综合评价[48]。郝英杰等（2020）[49] 根据系统中知识的特性，设计了基于知识能力和知识机制的指标体系，分析知识基础的匹配程度和知识能力发展的协同程度。廖凯诚等（2022）根据主体和环境的耦合协调测度了八大综合经济区生态系统的运行效率动态变化[50]。

在可持续性方面，刘志春和陈向东（2015）为实现系统的可持续发展，根据系统的态、势、流，从创新投入、产出以及动态变化的角度考察了科技园生态系统的创新效率[51]。苏屹和刘敏（2018）对创新生态系统可持续发展进行了评价[52]。吕晓静等（2021）通过构建创新生态系统浓度、高度、活跃度、治理度、响应度评价指标体系，对京津冀创新生态系统活力进行评价[53]。张卓和曾刚（2021）在明确区域创新生态系统的形成机制和特征的基础上，构建了系统可持续发展评价指标体系和评价模型，对比了我国四大区域可持续发展水平及变化情况，利用障碍度模型分析了影响可持续发展的制约因素[54]。

（二）区域创新生态系统的共生研究现状

1. 区域创新生态系统的共生机制与演化研究

生物学的共生理论逐渐被应用在社会科学区域创新生态系统领域中，创新生态系统的主体能借助平台获取所需的信息与技术等资源[55]，实现资源共享和耦合[56]，通过物质联结、信息传递、能量循环协同实现复杂系统的自组织演化[57]。Bar-Yam 等（1998）认为区域创新生态系统是一个共生系统，由"相互作用和相互依赖的若干组成部分结合成的有机整体，并且这个整体具有特定功能"[58]。郭淑芬（2011）认为创新系统从创新过程的本质来看具有典型共生性特点，创新系统是一个基于创新单元及其专有能力、共生环境和共生模式共生体[59]。温兴琦和黄起海（2016）提出以共生单元、共生基质、共生环境、共生平台为组分的共生创新系统概念[60]，系统中各组分的共生发挥了价值增值功能。

区域创新生态系统共生机制研究。胡海和庄天慧（2020）将产业融合发展这一复杂动态系统转化为了共生系统，从共生单元互动、共生模式进化、共生界面协调和共生环境诱导四个机制展开研究与讨论[61]。王卓（2020）着重分析了各类主体的功能定位，明确共生主体之间的选择机制和匹配共生机制，以及价值共创和平衡机制都是完善创新体系的重要机制[62]。杨剑钊（2020）提出高技术产业创新生态系统的共生基于主体的伙伴选择、利益分配和治理机制[63]。王德起等（2020）根据区域创新生态系统的能量传递，构建了承载子系统、集聚子系统、行动子系统、产出子系统和辐射子系统，指出区域创新生态系统是通过利润回馈效应、技术溢出效应和保障机制效应作为系统的循环动力实现运转[64]。Li 和 Gao（2021）认为合作机制是共生关系发生的条件，共生是推动科学进步的关键[65]。史欢（2022）归纳生态系统实现共生的关键机制包括三种，分别是共生单元根据自身水平做出的主动决策机制；共生单元之间的协调决策机制（如信息共享机制），这是指共生单元在共生平台、共生网络的支持下产生的机制，以实现资源共享；以及共生单元的自适应机制，是指共生单元主动适应共生环境，及时根据环境调整自身行为，产生一种自适应的状态，这种自适应机制有助于促进系统共生[66]。

区域创新生态系统共生演化研究。胡浩等（2011）关注创新系统的动态特性，揭示区域创新系统的本质，指出一定条件的产业创新子系统是系统的创新极，创新极的共生能带动区域创新系统发展演化，并决定创新系统的能力[67]。Li 和 Mao（2015）的研究表明，核心技术与配套创新、产业链上下游间均呈现动态的技术共生演化特点，在演化过程中共生模式是不断变化的[68]。曹如中等（2015）认为在我国区域创新发展由低级向高级演进的过程中，创新主体各自承担着重要的组织生态功能，要素的组合促进了系统的演进[69]。刘平峰和张旺（2020）发现创新生态系统种群共生演化轨迹与 Logistic 增长规律相符，在此基础上构建了多种群共生演化动力学模型，运用数值仿真与真实数据分析相结合的方法，预测了中国创新生态系统的共生演化趋势[70]。武翠和谭清美（2021）在探究长三角区域创新生态系统的动态演化中发现，种群的多样化和异质性以及种群间高度共生性共同推动了系统的演化[71]。杨力等（2023）根据区域创新生态系统的生态特征，借助布鲁塞尔模型分析区域创新生态系统的演化特征，并指出经济、市场和技术优化的促进作用[72]。

2. 区域创新生态系统的共生评价与功能研究

区域创新生态系统共生评价研究。在已有文献的基础上，叶斌和陈丽玉（2016）从共生视角揭示区域创新系统的共生过程，借助 DEA 模型分别评价了考虑共生关系以及不考虑共生关系的区域创新网络的创新效率[73]。李晓娣和张小燕（2019）考虑共生单元间通过相互作用、相互依存搭建的共生网络，将区域创新生态系统的共生要素扩展为共生单元、共生网络、共生平台、共生基质和共生环境五种要素，并以此为研究框架利用共生度模型评价我国各省域创新生态共生水平[19]。李晓娣等（2020）以我国 30 个省份相关数据为样本，从共生视角建立评价指标体系，结合 TOPSIS 投影集成模型及二次加权算法，从静态和动态两种视角对我国区域创新生态系统的发展情况进行了综合评价[74]。王跃婷（2022）根据影响区域产业创新能力的因素构建了评价指标体系，对其共生水平进行了评价[75]。靖鲲鹏等（2022）以京津冀地区的区域创新生态系统为研究对象，通过建立共生度测度模型和改进的共生进化动量模型研究共生发展态势[76]。

区域创新生态系统共生功能研究。Artz（2015）建立了区域创新生态系统内主体的关联，关注了个体关键联系在系统运行中的重要影响，使系统的发展更为清晰透明[77]。张司飞和王琦（2021）认为创新系统是一个共生体，提出了研究区域创新发展现状差异的整体性分析框架，对我国 31 个省份进行组态分析，研究发现，共生基质、共生网络与共生环境通过等效替代实现相同的区域创新发展[78]。刘家树等（2022）基于共生理论并运用模糊集定性比较分析方法，探析区域创新生态系统中的多重共生要素并发影响创新链与资金链融合的复杂因果机制，从组态视角探究多重因素并发对创新链与资金链融合的影响，为加强创新链与资金链高度融合的实现路径提供借鉴参考[79]。

3. 区域创新生态系统的共生要素研究

共生要素是构成共生体必不可缺的组成部分。从共生视角来说区域创新生态系统是在共生主体及共生环境的交互作用、动态协同而形成的共生体，在共生要素的作用下实现了系统的知识的转移、共享和创造功能。目前学者们对 RIES 共生要素的相关研究非常重视，着重对共生要素的界定及其重要作用进行了研究。

聚焦于共生单元的研究。Drucker（2012）指出共生单元是区域创新生态系统中知识涌现的主体，完整的知识共享过程要有知识传授方和接收方的共同参与[80]。胡浩等（2011）将区域创新系统视为多创新极共生演化系统，建立基于多创新极共生的概念模型，发现系统间的区别在于区域内创新极的数量、强弱[67]。Koskela-Huotari 等（2016）认为创新生态系统的参与者包括焦点企业、客户、价值链上游的供应商和下游互补者、生产者、分销商、分包商、金融和研究机构、互补技术制造商和监管机构、竞争对手和制度性机构[81]。温兴琦和黄起海（2016）根据共生单元的资源和能力提出共生基质的概念，并将其作为共生系统的要素[60]。王跃婷（2022）认为培育创新生态系统的创新主体有助于发挥共生单元的创造力，各主体的组织数量和从业人数均为共生单元的表征[75]。

聚焦于共生关系的研究。区域创新生态系统是一个非线性耗散自组织的共生系统，具有类比生态系统递进演化机制的三大栖息者研究群、开发群和应用群交织成相互竞争、协同演化的多边多向交流机制。Hannan 和 Freeman（1977）从种群生态视角分析组织与环境的关系[82]。欧忠辉等（2017）认为创新生态系统从演化模式来看遵循种群 Logistic 模型，对称性互惠共生是最有利于系统演进发展的模式[18]。田善武和许秀瑞（2019）基于共生演化理论，采用案例研究的方法，探讨了区域创新系统共生演化路径。研究发现，不同发展阶段具有不同的核心范畴，从偏利共生模式向互惠共生模式，继而向对称性互惠共生模式演化，在不同演化阶段，区域创新系统内共生单元具有不同的互动模式[83]。刘平峰和张旺（2020）以三大种群为切入点，紧扣生态学特征，在创新生态系统共生演化的研究中引入 Logistic 增长模型，构建多种群共生演化动力学模型，运用数值仿真与实证分析相结合的方法，解释不同共生关系在不同模式下的演化规律，并预测未来的共生演化趋势[84]。张影等（2022）建立三方跨界创新主体的创新联盟生态系统，对共生演化的模式进行仿真分析，研究结果表明共生作用系数的和决定了创新主体的共生演化，分别分析了互惠共生模式、寄生模式、偏利共生模式的主体演化，为创新联盟生态系统沿互惠共生方向升级发展提供了理论基础[85]。

聚焦于共生网络的研究。王缉慈（1999）指出市场的能力是有限的，因为创新所必需的知识是很难交易的，为了创新，它必须向上游和下游组织开放建立网络组织，网络作为市场和等级组织以外的形式，稳定性强于市场，灵活性强于组织。网络是"有组织的市场"能进行多个方面的交流，使交易费用大大降低。因此在面临全球激烈竞争的形势下，我国在依靠外力的过程中必须及时注意企业在竞争中加强企业之间的相互作用和合作，鼓励中介机构和商会、协会等机构发挥增强企业间技术信息交流和物质联系的功能，促使相关企业合理搭建网络，为区域发展贡献力量[86]。自 Burt（1992）将社会网络定义为人与人之间的特定的联系以后[87]，越来越多的管理学研究者开始运用社会网络的理论解决研究问题，大部分学者在研究共生网络时采用了社会网络分析理论。Wang（2009）认为人与组织群落共同融入创新网络的产生和应用中发挥协同作用，构成创新生态系统的综合框架[88]。Shapiro 等（2010）分析了各地区在区域之间的合作关系网络中的中心度、密度、碎片化分析的特征[89]。Fritsch 和 Kauffeld－Monz（2010）关注了内部网络凝聚力等特征对知识转移的作用[90]。Erazo 等（2015）关注了由共生关系所构成的共生网络的存在性和必要性[91]。Cruz－Gonzalez 等（2015）基于开放视角探究了社会网络关系对多类型企业的知识增加及转化方面的作用，为企业提供相对低廉成本的支持性资源和互补性信息[92]。刘国巍（2015）运用社会网络分析方法研究合作创新网络的空间状态，引入信息熵测度网络空间演化的有序度，并运用最优分割理论确定网络时空演化路径[93]。周锐波等（2021）采用社会网络分析法构建城市创新网络，总结其结构演化特征，结果表明我国城市创新网络快速发展，网络生长呈现择优、邻近连接态势[94]。除了借助社会网络理论对共生网络的分析，还有学者以其他方式对共生网络进行了研究。李晓娣和张小燕（2019）基于要素的流动和有助于知识交流的基础设施作为衡量共生网络的方式[95]。张司飞和王琦（2021）认为共生网络是建立在多种共生关系之上的，通过从动态视角核算资本和人员的要素流量来表征共生网络的存在，并将其作为区域创新生态系统高水平发展的前因条件[78]。

聚焦于共生环境的研究。共生环境是共生体演化的外部条件，Tansley（1935）认为生物和环境是不可分割的复合系统，脱离特定物理环境的生物无法独立生存[96]。Aydalot 和 Keeble（1988）认为创新环境是指能够促进创新的区域制度、区域规则和相关实践的系统[97]。贾亚男（2001）把区域创新环境分为包括基础、文化层次的硬环境，以及包括组织和信息层面的软环境[98]。蔡秀玲（2004）根据成功案例创新环境建设的同性特点，总结出基础设施、社会文化、区域制度和区域学习四个方面构成区域创新环境[99]。王俊（2010）着重关注了政府以补贴政策支持创新的重要作用[100]。梅亮等（2014）认为创新生态系统需要外部环境与系统内成员动态交互与匹配来实现价值创造[101]。Smith 和 Shalley（2003）认为组织创新氛围及其障碍因素与组织信息沟通渠道也是创造力和组织创新中不可缺少的部分[102]。孙冰等（2016）认为创新生态系统的发展中政府支持在系统发展过程中发挥了重要作用[56]。李政和杨思莹（2018）探究了政府在创新生态系统中的重要作用，并指出政府的创新偏好能提供创新战略引领、研发供给以及制度保障等激励措施[103]。Zhang 等（2019）指出经济驱动和政策调控是生态系统主体的演化动力[104]。张司飞和王琦（2021）认为共生环境包括政府支持程度与区域开放度两个二级条件[78]，对外开放程度存在最佳开放点，政府支持也存在两面性，共生环境对区域创新系统的影响具有不确定性[105]。李宇和刘乐乐（2022）认为基于信任的治理和基于契约的治理影响创新生态系统参与主体的知识共创，且有互补作用[106]。共生环境中也包括共生平台，共生平台是集聚创新要素的载体，具体包含众多支持创新活动开展的科技孵化器、生产力促进中心、科技创新园等[77]。史普润等（2019）认为高新区创新平台能显著提升创新效率，创新平台作为一种交易空间包含了域内和域间两个层面，一是政策及平台支撑带来的内部主体知识交流平台，二是区域间为实现创新资源吸纳的跨区域互动情况[107]。王康等（2019）指出孵化器通过改善企业的人力资本、融资约束以及科技成果转化进而促进企业创新[108]。卫平和高小燕（2019）指出打造创新极的前提是形成创新集群，创新集群的形成机制和发展载体则必然由智力密集型的大学与资源密集型的大学科技园来共同建设[109]。王跃婷（2022）指出共生平台是促进共生单元之间交流和动态联系的载体，设立创新公共服务平台、创新孵化基地、技术创新平台、创新集聚区等，能够满足平台内企业及大学开展创新所需要的信息，并通过提供咨询、价格评估、投融资等服务释放中介功能，发挥平台的支持和创新服务功能[75]。

（三）知识涌现研究现状

1. 知识涌现机制研究

随着创新系统的不断完善，产生了大量的知识涌现，学者们对知识涌现的研究非常重视。从系统角度来说，董伟和颜泽贤（2007）认为知识创新是创新系统的目标和结果，从系统视角来看就是一种涌现，并阐述要产生知识创新这一系统涌现，必须依赖于环境、系统元素的相互作用、元素本身的"内部模型"和其他复杂性因素[110]。阿米登（1998）指出了以知识创新为基础的企业能力是新思想的产生及使用，最终将其转化为商品和服务[111]。王学智等（2017）认为在组织内部传播共赢共创的思想、促进成员之间的沟通和交流、创设知识传播的情境等是实现知识创新的主要方式[112]。Zhang 等（2018）指出在创新系统中，协同创新成为促进新知识产生的有效方式，协同创新能提升知识获取的有效性，突破成员之间分享知识的障碍，有效转换和充分利用各主体的知识来创造新知识[113]。

知识涌现是系统层面知识创新的表达，伴随着知识转移、知识共享、知识吸收、知识转化等过程，学者们对此也进行了积极的探索。Huber（1991）认为知识转移是知识创新的前提和基础，通过知识转移过程有助于组织获得自身无法创造的知识，增加组织的知识存量[114]。Samaddar 和 Kadiyala（2006）认为既要有对外部知识的吸收能力和对自身已有知识的整合能力，才有可能进行知识创新[115]。胡延平和刘晓敏（2008）指出知识创新伴随着知识转移过程发生，是创新活动中的重要环节[116]。Nonaka 和 Takeuchi（1996）认为知识共享推动着知识转移活动[117]。杨波（2010）借助系统动力学模型简化了知识转移过程，探究知识转移对知识存量的影响，知识的吸收与转化逐渐成为了知识转移开展效果的衡量方式[118]。张国峰（2014）认为知识转移包括知识共享、知识价值判断、知识吸收[119]。韩蓉和林润辉（2014）在分析知识创新涌现时以自组织理论为依托，构建了系统的自组织演化模型，若系统处于远离平衡态的耗散结构，则能在微小的行为中得到激活呈现丰富的反应，即自组织的临界状态涌现一个微创新，并进入新的无序状态准备下一个微创新的涌现，呈现新的知识形态[120]。李言睿和马永红（2021）认为在知识传递增加知识存量后，创新主体即对原有知识和新知识同时进行创新[121]。

2. 知识涌现的影响因素研究

为有效识别影响知识涌现的因素，学者们从不同角度展开了研究。

Phelps（2010）关注耗时更长、更多变且回报更低的对现有知识储备而言更新颖的联盟知识创造，从网络层次出发，研究网络的多样性和网络构成是影响知识创造的重要因素[122]。禹献云等（2013）通过建立基于多 Agent 技术构建创新网络，借鉴这种方法可通过微观主体的交互作用反映宏观现象的优势探究网络密度对知识增长的影响，只有适当的网络密度对知识扩散和创新有正向作用，从而提高创新网络的知识增长[123]。在知识基础角度方面，Zhou 和 Li（2012）发现企业现有知识水平和知识整合相互作用对知识创新产生影响[124]。Xie 等（2018）基于知识基础观，指出知识吸收能力是影响知识涌现的重要因素[125]。吴增源等（2019）发现集体智慧涌现也会受知识存量、知识开放度及企业吸收能力等因素的影响，分析中发现开放式创新社区集体智慧涌现的关键影响因素是企业知识开放，企业知识的注入是突破知识增长瓶颈的重要因素[126]。Zhao 等（2021）根据知识共享的范围将知识共享分为了组织内部知识共享和外部知识共享，强调知识共享行为和吸收能力对知识涌现的影响[127]。另外，Nasiri 等（2022）指出，包括变革准备的内部环境，以及任何会给系统带来机会和威胁的市场变化和技术动荡等外部环境因素均会对知识涌现产生影响。[128]

（四）共生要素对知识涌现的影响研究现状

目前学术界鲜有共生要素对知识涌现的直接证据，但仍有文献探究了共生要素在知识流动、知识转移等方面的影响，佐证了共生要素对区域创新生态系统知识涌现的影响。

在共生环境方面，Feldman（1994，1999）指出虽然地理边界提供了知识共享平台，但知识溢出有区位锁定的地理局限性，探讨了地理位置对创新的速度和类型的影响，并在后续关于特定地点及行业创新活动的研究中发现，多样化环境比专业化环境更利于创新，另外，地理区位内部的竞争比垄断对创新活动更为有利[129,130]。李习保（2007）运用随机前沿模型及各地区的创新活动数据，研究了以开放度、地方政府支持、主体参与程度和产业集群为代表的创新环境，以及环境对地区创新产出效率的差异性特征，其中，教育投入和政府科技扶持力度的作用效果最为明显[131]。吴玉鸣（2010）为分析多要素耦合的创新环境对知识创新的作用，构建了基于产业结构、市场制度、融资环境和基础设施为指标的区域创新环境指标体系，使用空间计量学进行了环境与知识创新能力的分析，指出共生环境具有明显的空间集群态势及差异，整体来看共生环境有利于知识创新能力的形成[132]。赵东霞等（2016）指出大学科技园是一种新颖的区域形态，为知识创新发展注入了新的生命力，例如在美国硅谷、英国剑桥科学园的启发下，我国也逐渐形成了依托大学的科技园区，例如中国清华大学科技园，在先进设备先进人员的共同作用下为知识创新、技术转移及成果转化搭建了共生平台，为创新主体提供了更多的创新机遇[133]。袁航和朱承亮（2018）认为国家高新区是推动创新高质量发展的载体，是发展新兴产业的保障，凭借一系列优秀的发展政策实现产业结构合理化，还能吸引到优质的人力资本，加速知识的扩散及新思想的形成，增加创新的主动性以及创新成功的可能性[134]。邹济等（2022）从显性知识与隐性知识的层面，结合知识的默会性、复杂性和经济性，剖析了孵化器知识治理如何通过针对性设计来系统影响被孵企业知识共享意愿[135]。

在共生关系方面，Gianluca（2010）的研究表明，多领域之间存在的动态的相互依赖共生关系推动了技术知识的进步[136]。李天放等（2013）发现共生关系是实现知识簇的空间扩散的前提[137]。吴增源等（2019）从知识开放视角探讨开放式创新社区集体智慧涌现的内在机理，运用 Lotka-Volterra 模型分别研究不同主体主导的两种类型的社区中多主体知识交互的生态演化规律，并通过数值分析模拟集体智慧的涌现演化过程发现，用户生态关系处于互惠共生的生态关系下高水平知识增长的速度更快[126]。Kijkasiwat 等（2021）从收益提高的角度解释了共生关系对知识创新的促进作用。[138] 宁连举等（2022）构建数字创新生态系统两主体和三主体的 Lotka-Volterra 动态演化模型，发现包含高校科研机构种群、核心式数字企业共生单元与卫星式数字企业共生单元三主体互惠共生模式能向数字创新生态系统注入创新活动可持续性的动力，是创新生态系统演化的最佳目标导向[139]。Xu 等（2022）发现知识主体之间的隐性知识转移具有共生特征，其相互依存和限制的共生关系影响着知识转移的效果[140]。

在共生网络方面，Berman 等（2002）认为经验群体知识一般为隐性知识，并且不被个人单独拥有，而是嵌入在社会关系网络中的，社会网络成为分享知识的关键媒介[141]。Hansen（2002）认为将隐性知识与他人进行交流、分享，能有效发展团队有效行动的能力[142]。刘浩（2010）认为共生网络蕴含合作、互惠理念，揭示协同与合作是共生的本质，主体间共生网络的存在蕴含着知识转移和扩散的过程[143]。Fritsch 和 Kauffeld-Monz（2010）关注了德国区域创新网络，通过分析内部网络凝聚力等特征对知识转移的作用，指出强关系更利于知识的交流[90]。Domenech 和 Davies（2011）指出单个行为者拥有的知识能渗透到整个共生网络中，完成知识的转移[144]。Tröster 等（2014）通过探究社会网络结构的效应发现，紧密的合作加快了网络中知识的流动速度和知识的准确度，网络配置的优化直接影响成员的执行能力，促进了知识的协调[145]。俞兆渊等（2020）指出共生网络能够增强包含知识创造、知识转化和知识创新能力在内的知识管理能力[146]。朱志红等（2020）从共生网络的稳定性角度指出其对创新能力的正向作用[147]。

（五）国内外研究现状评述

根据对国内外研究现状分析发现，近期的文献进一步利用不同的方法对共生要素、知识涌现的相关问题进行了研究，并取得了一系列成果，具体表现在以下三个方面：

（1）已有研究认为区域创新系统包含创新主体及创新环境，由于主体与主体、主体与环境间的交互作用产生能量流动，主体与环境相互依赖构成有机整体，可将其看作生态系统。关于区域创新生态系统的研究，学者们主要聚焦于系统结构、运行机制及评价方面，随着共生理论在区域创新生态系统领域中的应用，大部分学者认为区域创新生态系统是共生系统，由共生要素组成，共生要素互动能产生共生效应，激发要素潜能。

（2）国内外学者认为，知识涌现是系统层面特有的特征，不是微观层面的简单加总，无法由单一组分推导及预测。对于区域创新生态系统来说，知识涌现是系统追求的目标，知识涌现的产生依赖于多种复杂性因素。基于创新生态系统中主体蕴含的独特知识，主体间知识转移、知识共享等过程可促进团队成果的产生，是产生知识涌现的前提。

（3）对于共生要素对知识创新的影响研究，学者们主要从共生环境、共生关系、共生网络等方面进行了详细的分析。区域创新生态系统的发展除了要注意构建良好的共生新环境以外，还应该着重关注主体间的共生关系和能增进知识流动的共生网络。共生环境影响主体的知识创新能力；共生关系和共生网络直接影响知识的流动和扩散。这些研究为共生要素对区域创新生态系统知识涌现的影响提供了丰富的理论基础。

国内外学者在上述三个方面的研究日益丰富，为本书对区域创新生态系统知识涌现的界定、共生要素的确定，以及共生要素对知识涌现的影响研究奠定了研究基础。但仍存在一些不足之处：

（1）在当前已有的对共生环境的研究中，学者们通常从还原论思想出发，关注某一种单一环境的重要作用，并未全面地研究共生环境及共生环境对区域创新生态系统知识涌现的影响，其研究仍有待深入。本书将根据耗散结构理论，围绕共生环境展开研究，从系统科学角度出发，将共生环境与区域创新生态系统的有序度联系起来，根据共生环境的效应评价各区域的共生环境，为探究共生环境效应提供新的视角，并分析共生环境对知识涌现的作用。

（2）现有研究对于创新主体共生关系对知识涌现的影响这一针对性研究相对不足，缺乏对其内部主体间的相互作用关系详细刻画与讨论。关于共生关系对知识涌现的影响以静态分析为主，而知识涌现是知识创新动态过程中关键的部分，静态的研究割裂了时间维度上的相关性。本书利用系统动力学模型刻画了知识创新的动态过程，并将主体共生关系的 L-V 模型纳入系统动力学模型中，为推动共生关系对区域创新生态系统知识涌现影响的理论提供实证基础。

（3）当前有关共生网络的研究，仅提及了单一层面系统整体网络对知识转移的作用，鲜有研究同时将区域创新生态系统作为节点，分析其在跨区域的共生合作网络中的个体网特征，且尚未将双层共生网络与区域创新系统的知识涌现联系在一起。本书依据区域创新生态系统内部合作关系及跨区域合作关系构建双层共生网络，分析双层共生网络的复杂网络特征对区域创新生态系统的知识涌现的影响，弥补该领域研究的不足。

（4）现有研究对有关区域创新生态系统知识涌现的共生要素的共同作用并未被探明，且未考虑知识涌现的区域差异，尚不清晰区域创新生态系统知识涌现是否存在等效条件组态。本书基于组态分析视角，探究三类共生要素的不同组合方式产生的知识涌现，并探明各省当前的共生要素组合状态，为各省制定相应发展方案提供依据。

三、研究思路与研究内容

（一）研究思路

本书依据"提出问题—分析问题—解决问题"的逻辑思路研究区域创新生态系统共生要素对知识涌现的影响。首先，本书基于区域创新生态系统的现实和理论背景，并通过对国内外相关文献的回顾，初步发现共生要素对知识涌现的影响。其次，本书在文献梳理及理论分析的基础上明确区域创新生态系统知识涌现的概念，明确区域创新生态系统共生环境、共生关系和共生网络三种共生要素，理论解析了共生要素对知识涌现的影响，构建了共生要素对知识涌现影响的研究框架。再次，进一步借助耗散结构理论分析共生环境对区域创新生态系统的作用，评价共生环境现状并分析共生环境对知识涌现的影响；用系统动力学仿真模拟共生关系对知识涌现的影响机制；在社会网络分析的基础上分析共生网络对知识涌现的作用；利用模糊集定性比较分析探究共生环境、共生关系和共生网络对知识涌现影响的组态效应。最后，在实证研究的基础上提出促进区域创新生态系统知识涌现的政策建议。本书的技术路线如图1.1所示。

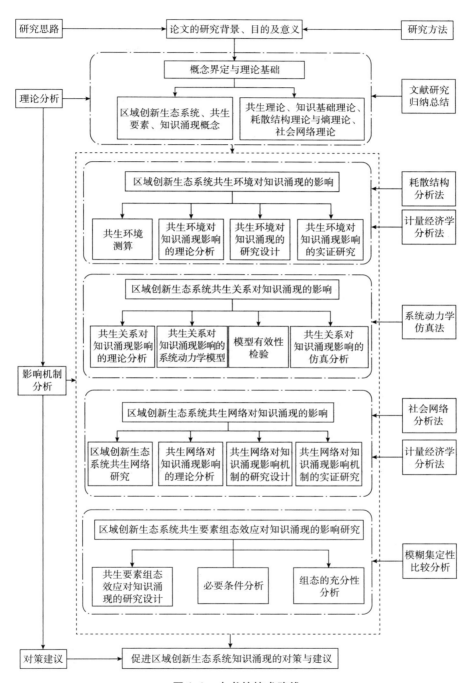

图 1.1　本书的技术路线

（二）研究内容

本书的研究内容共分为七部分，具体研究内容如下：

第一章：绪论。本章首先说明了本书选题的背景、目的及意义，并对国内外研究现状进行了归纳总结；其次对本书的研究思路、研究内容和研究方法进行总体概括，为后续研究做好前期的准备工作；最后指出本书的创新之处。

第二章：概念界定及理论基础。本章分析了区域创新生态系统的概念，区域创新生态系统共生要素的概念及知识涌现的概念，并对区域创新生态系统共生环境、共生关系和共生网络三方面共生要素进行了分析。在相关理论分析的基础上，构建三种共生要素对知识涌现影响的理论框架。

第三章：区域创新生态系统共生环境对知识涌现的影响研究。基于耗散结构理论分析共生环境造成的区域创新生态系统熵变，构建基于熵的共生环境指标体系，得到当前各区域共生环境特征，探究共生环境对知识涌现的影响。

第四章：区域创新生态系统共生关系对知识涌现的影响研究。基于种群 Lotka-Volterra 模型，对共生模式识别，并将种群竞争模型嵌入系统动力学模型中模拟知识涌现过程，建立基于共生关系的知识涌现系统动力学因果关系图及流图，并设置系统动力学方程，从微观视角明确知识涌现的形成方式，并通过仿真分析，探究共生关系对知识涌现的影响。

第五章：区域创新生态系统共生网络对知识涌现的影响研究。由于区域创新生态系统主体的知识需求，在内部主体无法满足需求时，会突破系统边界寻求合作伙伴，形成区域创新生态系统内部的共生网络和跨区域的共生网络。通过构建区域创新生态系统双层共生网络，并利用社会网络分析法明确双层网络特征，以此为基础探讨区域创新生态系统内部整体网络特征及跨区域个体网络特征对知识涌现的影响，以及内部合作知识基础的调节机制。

第六章：区域创新生态系统共生要素组态效应对知识涌现的影响研究。根据各共生要素共同影响区域创新生态系统知识涌现的实际情况，基于模糊集定性比较分析法，采取组态视角，考虑共生环境、共生关系和共生网络三种类型七种前因条件之间的相互关联及匹配，从整体角度探索实现高水平知识涌现的多种共生要素组合的组态。

第七章：促进区域创新生态系统知识涌现的对策与建议。根据本书的研究结果，从共生要素角度出发，提出能够有效地提升知识涌现的对策与建议。

（三）研究方法

1. 文献研究与归纳总结法

目前有关区域创新生态系统共生要素对知识涌现的研究并不多见，本书通过阅读有关创新生态系统、区域创新系统、知识涌现等方面的国内外已有研究，采用文献研究法明确了区域创新生态系统共生要素及知识涌现的内涵，并归纳总结出影响区域创新生态系统知识涌现的多个因素，构建了本书的理论研究框架。此外，系统动力学因果关系图设计以及变量指标的选取均在文献研究基础上实现。

2. 耗散结构分析法

耗散结构是系统在非平衡态时达到阈值后的高级有序状态，熵是耗散结构理论中有序度的度量，区域创新生态系统想成为耗散结构，必须与外部进行物质和能量的交换增加负熵，消除陈旧落后不利于发展的物质以弥补系统正熵。共生环境以改变系统熵值的方式影响着系统的状态。本书借助熵的思想构建共生环境的评价指标体系，对共生环境状态进行分析，作为分析共生环境影响知识涌现的基础。

3. 系统动力学仿真法

基于系统动力学理论，从知识涌现过程视角构建仿真模型，明确系统边界和基本假设，关注内部复杂因果关系及子系统之间的互动、反馈关系，并绘制因果关系图和流图。将区域创新生态系统共生单元间的共生关系置于模拟的系统运行中，在计算 L-V 模型的相互作用系数并确定共生关系的基础上，仿真分析共生关系变化对区域创新生态系统知识涌现产生的影响，观察相关变量的变动情况，从共生关系角度促进知识涌现。

4. 社会网络分析法

社会网络分析是探究行动者、行动者关系及社会网络特征的研究方法，是研究区域创新生态系统共生网络特征的有效方法，本书运用社会网络分析法，从整体网角度分析网络规模、网络聚类系数对知识涌现的影响，并以区域创新生态系统为单位关注跨区域共生网络，从个体网角度分析每个区域创新生态系统嵌入规模及结构洞对知识涌现的影响。有助于明确共生网络对知识涌现的影响，使共生网络充分发挥规模和结构效应，使区域创新系统发挥知识创造功能，促进区域创新系统的知识涌现。

5. 计量经济学分析法

在研究区域创新生态系统共生环境和共生网络对知识涌现的影响中，均采用面板数据回归分析法，用于明确共生环境对知识涌现影响的线性和非线性特征，运用负二项回归法及动态面板回归，验证内部、外部双层共生网络特征对知识涌现的作用及内部知识属性的调节机制。

6. 模糊集定性比较分析法

根据研究需要，采用适用于本书的模糊集定性比较分析法（fsQCA），该方法具备定性和定量分析双重优势。以应用数学中模糊集理论和布尔逻辑运算为基本思想，可有效解决组态分析中自变量间相互依赖、共同作用的问题[148]，关注前因变量的组合对因变量的影响情况，识别产生高水平知识涌现的多个组态。

四、创新之处

第一，完善了区域创新生态系统共生环境的指标体系，明确了区域创新生态系统共生环境对知识涌现的作用。相较于以往研究，本书基于耗散结构理论分析了共生环境带来的系统熵变，根据熵变特征构建了富有生态学特征的共生环境指标体系，包含内部环境代谢型、内部环境还原型、外部环境压力型、外部环境支持型四个维度，为测度共生环境提供了借鉴思路。基于对共生环境的测度及分析，运用计量经济学面板线性回归模型和面板门槛回归模型分别探究了共生环境对知识涌现的线性和非线性关系，弥补了区域创新生态系统共生环境与知识涌现关系研究的不足。

第二，构建了区域创新生态系统基于种群 L-V 模型的系统动力学模型，揭示了区域创新生态系统共生关系对知识涌现的作用机理。本书以 L-V 模型种间作用系数表征共生关系，相较于以往单独运用 L-V 模型探究种群演化趋势的研究，本书基于系统动力学系统内部要素决定系统功能的思想，将 L-V 模型融入系统动力学模型中，在识别知识创新主体和创新金融主体之间共生关系的基础上，通过调整 L-V 模型的共生关系参数，模拟知识涌现变动情况，探究企业、学研机构、政府、金融机构主体间的共生关系对知识涌现的影响。

第三，明晰了共生网络对区域创新生态系统知识涌现的影响。本书将创新合作关系以省际为地理边界划分为系统内部和系统外部，将跨区域合作考虑在区域创新生态系统的研究中，基于社会网络分析法关注区域内部和区域间的双层共生网络。一方面，从内、外部双层网络视角来看，采用面板回归技术探究双层共生网络的结构及规模对区域创新生态系统知识涌现的影响，为系统构建最优的共生网络提供方法。另一方面，识别出内部合作知识基础是外部合作与知识涌现的重要边界条件，建立了内、外部共生网络之间的联系，为最大限度地利用外部嵌入共生网络促进知识涌现提供有力证据。

第四，明确了区域创新生态系统实现知识涌现的共生要素组态路径。当前各区域创新生态系统共生要素存在显著差异，进一步从共生环境、共生关系、共生网络的共同作用出发，以组态视角分析了区域创新生态系统共生多要素的匹配对知识涌现的影响，关注共生要素之间的相互作用，探究共生要素与知识涌现之间复杂的因果关系，为各区域创新生态系统实现高水平知识涌现提供了多条可供选择的共生要素匹配路径。

第二章

概念界定及理论基础

本章首先介绍了区域创新生态系统的概念及特征，以及共生要素和知识涌现的概念，其次明确了相关的理论基础，最后在共生理论、知识基础理论、耗散结构与熵理论和社会网络理论的基础上，建立起区域创新生态系统共生要素对知识涌现影响的研究框架，为后文的研究提供分析基础，理清逻辑脉络。

一、相关概念界定

（一）区域创新生态系统的概念及特征

1. 区域创新生态系统的概念

区域创新系统的概念源于创新体系，由于与创新有关的交互行为大多发生在区域层面，区域创新系统吸引了越来越多的学者的关注。区域创新生态系统（Regional Innovation System，RIS）的理论基础包括演化经济学、新经济地理理论、新区域发展理论等，学者们关于区域创新系统的概念给出了不同的定义。Cooke 在这些理论的基础上于 1992 年提出了区域创新系统的概念，认为区域创新生态系统是在地理范围内考虑区域制度的由企业与学研机构等交互学习产生创新的系统[149]。Autio（1998）认为 RIS 是知识生成及扩散、知识应用及开发子系统相互作用的社会系统[150]。Asheim 和 Isaksen（2002）认为区域创新系统是由支撑机构围绕的区域集群，区域创新系统包括生产结构和制度基础设施，制度基础设施是生产结构创新的支撑[151]。国内学者黄鲁成指出区域创新生态系统是主体、非主体以及制度和政策的网络[152]。Doloreux（2003）则认为区域创新系统包含知识组织间的密切关系，还包括促进关系形成的制度安排，有助于知识的产生与扩散[153]。

区域创新生态系统强调地理邻近。Gertler（2003）认为大多数的显性知识能通过论文、项目报告、专利、书籍等各种编码方式进行传播；但大部分隐性知识嵌入在人力资本中，几乎无法被编码，使隐性知识的传递具有高度阻滞性，无法进行长距离的标准化传递和转达[154]，只能在共享同一社会背景时凭借地方社会文化环境的重要性有效交换知识和信息。Fritsch 和 Aamoucke（2013）在研究中表明，创新过程中起到关键作用的"知识溢出"通常会受到空间的限制，"本地化知识"对企业的发展起着重要的作用[155]，地理邻近为创新人员提供了面对面交流的便利条件，有助于开展知识协同创新实现隐性知识的扩散[156]。虽然区域创新系统重视区域内部的知识交流，但学者们并不认为它是一个封闭的系统，并不完全独立于国家创新系统和其他系统之外，这些子系统与全球、国家和其他区域创新系统相连接，通过构建超越区域边界的正式及非正式的关系突破所在区域的限制，缓解创新资源的匮乏并促进创新[157]。

生态学理念的引入使区域创新系统的概念被扩展为区域创新生态系统。自然界的物种存在多样性，任何物种的存在均具有合理性和价值性，在与其他物种及环境相互作用寻求自身生存的同时，为其他物种提供支持，共同构成有机的生态系统。2003 年黄鲁成在《区域技术创新生态系统的特征》一文中首次提出区域技术创新生态系统的概念："在一定的空间范围内技术创新复合组织与技术创新复合环境，通过创新物质、能量和信息流动而相互作用、相互依存形成的系统"，归纳总结了区域技术创新生态系统的特征，包括整体性、层次性、耗散性、动态性与调控性、复杂性与稳定性[16]。2004 年美国竞争力委员会《创新美国》报告中使用了创新生态模型，并给出了"企业、政府、教育家和工人之间需要建立一种新的关系"的创新生态系统概念。同一时期，日本也强调了创新生态是发展的根基。曾国屏等（2013）在回顾创新生态系统出现的历程中指出，这一概念是研究范式的转变，研究关注点从关系要素构成的静态分析转变为了关注系统主体之间以及系统与环境的动态交互作用[158]。吴金希（2014）的研究表明，创新生态系统的概念的价值就在于必须对系统的生态性进行深入研究，关注自然界的共生、演化规律，基于联系与互动的视角挖掘系统中主体的互动交流和超出自身水平的整体竞争力[159]。

基于已有研究，本书认为区域创新生态系统是指在一定的区域内，在环境的影响下创新主体之间凭借自身资源和能力相互作用的有机系统，创新主体包括政府、金融机构、企业、大学及研究机构，其中，企业、大学和研究机构是主要的知识创新主体，区域创新生态系统是一个演化、非线性和交互的知识创新系统，主要通过交易关系获得知识转移，企业和大学等频繁交流与合作产生的知识共享，还会由于知识的外部性获得知识溢出，获得关于事实的知识、自然规律的知识、技能和能力的知识，在特定环境和主体的交互中发挥系统功能，完成知识创新，借助系统共生环境、共生关系和共生网络，为知识转移与共享提供环境支持和载体，实现知识涌现。

2. 区域创新生态系统的特征

Autio（1998）在研究中强调了区域创新系统由相互作用的知识子系统构成，其中，知识生成与扩散子系统主要包括技术和劳动力中介机构、公共研究机构和教育机构；知识应用与开发子系统主要包括企业及其供应商和竞争者与合作者，企业及其供应商和竞争者与合作者由纵横网络连接起来，进行交互学习。内部及相互之间的互动产生了推动区域创新系统演化的知识流，系统在知识流的驱动中不断演进，完成知识的创造、扩散和积累[150]。王仁文（2014）分析了区域创新生态系统不同创新主体间的动态互动过程，揭示了系统发展的生物进化特征：遗传、变异与选择[160]。区域创新生态系统是生态系统理论与创新系统理论相结合的产物，结合生态学有关理论与系统发展的实际情况，可认为区域创新生态系统中知识创新是共生作用的结果和根本目标。共生性、适应性和开放性是区域创新生态系统的特征，分别是区域创新生态系统的基本属性、内在要求和突出表现。

（1）共生性。在区域创新生态系统中，企业、高校、科研机构、政府、金融机构是不同的种群。在与外部环境进行物质和能量交换的过程中，企业、高校和科研机构具有研发能力强的特点，彼此之间形成研发共同体，加快知识的转移和共享，完成知识的更新迭代。政府、金融机构和企业具有创新投融资功能，可发挥资金、市场方面的优势，促进区域生态系统的良性发展。在区域创新生态系统中主体之间关系紧密，相互依赖，彼此之间以非线性的方式相互作用共生发展，在共生中使知识创新主体获得投融资并实现知识产出。

（2）开放性。区域创新生态系统的开放性体现在两个方面：一是系统保持开放，种群与环境存在有机互动，完成与外界的物质和能量交换，将系统混乱、无序的不利于系统发展的物质排出系统，也能吸收环境中的有益于系统发展的正向物质及信息，直接影响区域创新生态系统的创新活力与发展。二是在知识交流方面创新主体超越地理边界与区域外部发生广泛的联系，通过建立社会关系满足知识创新主体的知识资源需求，通过吸收、整合和创造实现系统的知识创新功能。

（3）适应性。是指区域创新生态系统内部可以依据内外部环境变化而改变，各主体会在技术变化、市场变化、生态环境变化、制度与政策等变化中积极地应变，做出适应性选择。类似生态系统中种群的应变机制，种群在环境变化时采取调节种群分布的行为方式等措施来保证生存，区域创新生态系统中的主体也会在环境变化时调整行为策略。例如，在市场急需某些创新知识时，抓住机会实施有针对性的知识创新，积极解决知识障碍，实现知识突破。

（二）区域创新生态系统共生要素的概念

共生的概念来源于生物学，最早由生物学家德贝里所提出的共生的概念是：不同种属以不同的获益关系生活在一起[161]，它是指生物之间通过物质联系形成相互依存、紧密影响的动态关系，这种亲密的组合关系是由外部环境和内部条件的共同作用形成的，并在资源共享中实现演化，这一共生关系在自然界中十分常见。共生是进化的重要来源，为探究生物进化提供了新的视角，此概念蕴含着不同种属生物之间的某种程度物质关联下的共同发展。由于不同因素之间相互作用的现象普遍存在，社会活动常具有共生特征，共生也存在于社会经济体系中，共生理论被用于社会科学、经济学领域跨学科的应用。在区域创新生态系统中，企业、学研机构、政府、金融机构作为核心利益相关主体是系统的共生主体，也被称为共生单元，企业及学研机构共生主体其中包含着若干个基础共生单元。在共生环境的作用下，区域创新生态系统共生主体间存在着相互关联、动态调整的共生行为，在资源的互补中形成共生，凭借共生主体形成的共生关系和基础共生单元在广泛的合作中形成的共生网络为区域创新生态系统的演进发展提供根本动力，使区域创新生态系统在共生中实现新知识、新技术的发展。随着创新活动的持续推进，共生要素的作用不容忽视，共生要素是区域创新生态系统知识涌现的保障。

结合区域创新生态系统共生的知识涌现目标，本书认为对区域创新生态系统共生要素的理解应着重放在共生环境作用下共生主体间的相互作用中，将共生主体的属性作为共生关系的基础，关注共生主体间形成的共生关系；将基础共生单元作为形成共生网络的前提，关注广泛合作形成的共生网络。区域创新生态系统共生是指共生主体在共生环境中形成的共生关系和基础共生单元形成的共生网络。区域创新生态系统的共生要素包括共生环境、共生关系和共生网络，共同决定共生的本质。区域创新生态系统在共生环境、共生关系和共生网络这三个共生要素的作用下实现知识涌现功能。

1. 共生环境

共生环境由生物学家德贝里提出，原指共生单元所生存的环境，如植物不是独立于共生环境而存在的，它的生存需要大气环境，以及与其他动植物构成的环境，人类排放的二氧化碳是植物进行光合作用的前提和基础。后来，随着学科的融合和发展，共生环境被赋予了更多的含义。借鉴袁纯清从经济学角度对共生环境的定义，共生环境是共生单元以外的所有因素的总和，为生物群落提供赖以生存的基础，是维系和促进区域创新生态系统主体长期、稳定、持续共生发展，开展创新活动的重要因素。

区域创新生态系统中各共生单元内部和相互之间的联系是在一定的共生环境中产生和发展起来的。生态学认为系统的进化源于主体与环境之间复杂的相互作用，强调主体对环境的适应性[95]。从创新过程来看，创新的出现需要经过创意产生、研究开发和市场化阶段[162]，环境在整个创新过程中是主要驱动力，提高创新效率，缩短创新时间。在创意产生阶段，稳定的共生环境能激发创新意愿；在研究开发阶段，良好的共生环境能提供紧缺的平台资源、金融资源等为知识创新消除基本的资源障碍，还能为创新合作提供动力，增强主体间的信任，缓解信任冲突，明确合作研发各主体的责权利，稳定创新合作，促进合作研发的深度开展[163,164]；在市场化阶段，共生环境可以促使创新成果的扩散[165]，还能建立系统与外部需求之间的反馈渠道，为后续创新提供方向。

本书认为区域创新生态系统的共生环境是系统中的非生物组分，即是除了企业、大学及研究机构、政府、金融机构以外的要素的总和构成了他们的共生环境，是共生系统稳定发展的前提。已有研究认为基础设施[166]、财政支持[167]、法律制度[168]、产业结构[169]、知识产权保护[170] 等多种环境因素都会对区域创新生态系统的创新水平产生影响，良好的区域配置、多功能创新平台可以有效激励创新[171]。技术环境、产业环境、制度环境、自然环境和资源环境均为区域创新生态系统主要的共生环境，这些共生环境是共生单元聚集、协作形成共生关系和共生网络的保障。

2. 共生关系

共生关系也叫共生模式，是指共生单元相互作用的方式和强度，还反映共生单元之间的利益关系，其状态由共生组织模式和共生行为模式的组合决定。从行为方式上说，共生关系涵盖寄生关系、偏利共生关系和互利共生关系，互利共生中包括两种情况：一种是相互作用程度不同的非对称性互利共生，另一种是作用程度一致的对称性互利共生。从组织方式和共生的频次来看共生也包括多种情况，分别是点共生、间歇共生、连续共生和一体化共生。区域创新生态系统中的共生关系区别于自然界中的生物共生演化系统，一般不具备随机性，而是基于共生主体的主观选择和判断形成的。

本书所指的共生关系反映了创新金融子系统中共生主体之间的能量交流，以及知识创新子系统中企业、大学和研究机构共生主体之间的相互联系和作用形成的共生模式。具体而言，可根据主体间相互作用系数识别政府、金融机构和企业两两之间的竞争关系、寄生共生关系以及互利共生关系，以及企业和大学及研究机构之间的竞争关系、寄生共生关系以及互利共生关系。其中，子系统中共生主体的发展不仅受到自身发展条件的制约，还会受到其他共生主体的影响，共生关系体现为主体之间的相互影响。共生关系存在多种类型，可用共生关系指数用来测度创新主体之间变化的关联度，反映相互影响的程度。在知识创新主体的共生关系和创新金融主体的共生关系作用下，知识创新主体获得资金支持得以进行知识创新，并由于知识的外部性在共生关系中完成知识的扩散和转移。

3. 共生网络

李晓娣和张小燕（2019）提出区域创新生态系统共生包括共生单元、共生基质、共生平台、共生网络和共生环境[95]。共生单元能否实现功能，除取决于共生模式、共生环境外还取决于共生网络[172]。解学梅等（2022）将开放式创新生态系统种群演化过程看作一个网络，采用生态网络规模、生态网络密度、生态网络平均聚类系数、生态位四个参数度量网络演化内在机理[173]。赵艺璇等（2022）通过分析美的智能家居生态圈，指出核心企业可以利用生态系统生态型社会网络嵌入调动多元异质性生态参与者的积极性，进而共同实现价值共创[174]。在创新生态系统中主导者与不同类型、不同功能参与者共同组成多样化创新网络，并以此为载体相互协作、逐步演进形成创新生态系统[175]。创新网络是创新生态系统内部成员共生共演的连接界面，网络中蕴含着大量的创新资源，将创新网络连接状态划分为结构嵌入与关系嵌入，探讨两种网络状态对价值共创的影响，结果发现网络效应对于创新生态系统实现价值共创必不可少[174]。张雷勇等（2013）在探究产学研合作关系时指出，单纯的共生关系研究会损失网络的特点，共生网络比传统的产学研网络或者产学研共生关系更能兼顾这些缺失，将产学研节点的连接得到的网络作为共生网络[176]，共生网络被定义为：企业、高等院校和科研机构等共生单元在一定的共生环境中，通过各种共生模式进行合作研究、开发、产业化等共生活动而形成的网络形式的系统或联合机构[177]。

对于区域创新生态系统来说，系统内部的企业、高校、科研机构作为系统内部知识创新主体承担着该区域的知识创新重任，根据资源整合和风险共担的需求，且得益于地理、组织和制度上的邻近性[178]，主体内部的基础单元频繁合作逐步形成了复杂的区域创新合作网络，进行知识交流及知识创造[179]。由于非本地知识的重要作用[180]，外部联系能更新本地知识库、增加区域优势[181]。区域创新生态系统中的知识创新主体会突破系统边界与区域外部构建网络[182,183]，使区域创新生态系统嵌入在跨区域合作构成的国家合作网络中。由此，形成了以内部知识创新主体为节点的区域创新生态系统内部共生网络，以及以区域创新生态系统为节点的嵌入在国家合作网络的外部嵌入共生网络。本书所指的共生网络是基础共生单元合作形成的区域内部和跨区域双层合作网络，双层共生网络是在主体共生关系形成知识创新和转移的基础上根据各基础共生单元的既有知识建立的合作关系，可反映共生网络中蕴含的社会资本。通过分析得到共生网络的形态特征，为探究共生网络与知识涌现的关系提供基础。

（三）知识涌现的概念

涌现一词来源于复杂性科学，指整体拥有的部分无法拥有的属性[184]。穆勒提出了涌现的三个判据："第一，一个整体的涌现特征不是其部分的特征之和；第二，涌现特征的种类与组分特征的种类完全不同；第三，涌现特征不能由独自考察组分的行为中推导或预测出来。"[185] 美籍奥地利生物学家贝塔朗菲将"涌现"的概念引入一般系统论并指出，"整体大于部分之和的这句话的含义不过是系统的组合性特征不能用孤立部分的特征来解释"。组合体的特征与其孤立部分相比具有新发生或突现的特征[186]。美国的圣塔菲研究所是各种系统理论学派中以涌现观点来研究复杂性的机构，20世纪90年代中期，这些研究人员明确了复杂性研究的实质，"复杂性研究实质上就是一门关于突现的科学，就是如何发现突现的基本法则"。关于涌现概念，圣塔菲学派最富创造性的学者霍兰的观点代表了他们的共识："像涌现这么复杂的问题，不可能只是服从一种简单的定义，我也无法提供这样的定义。"[187] 涌现现象在现实生活中普遍存在。例如，碳和硫反应生成的物质性质与作为反应物的碳和硫本身的性质均不相同，这就是一种涌现。股市的运行规律是在宏观层面上涌现出来的特点，如果把系统层面还原到微观层面，就很难看到这些规律在每个股民身上的体现。高层次的整体特性与泉水从看不见的地下喷涌出来相似，是宏观层面涌现出来的特性，源于低层次的组成部分的相互作用。

Kakihara 和 Sørensen（2002）认为知识涌现来自主体间的关联及互动[188]，知识涌现在系统整体性视角下，以人力资源管理为切入点，被定义为是一种具有智能复杂自适应系统特征的智力主体在知识自组织中出现的新型结构，其内部所产生的创造性知识可为研究问题提供新思路。王凤彬和陈建勋（2010）分析由低层到高层的知识组合与合成两类过程后，归纳了组织知识自下而上涌现的机理，得出了组织知识的涌现是不同层次上表现出的知识共享结构与知识生成结构有机结合的产物[189]。王文平和张兵（2013）在分析具有小世界和无标度特征的复杂知识网络中，采用多主体建模与仿真法，采用不同策略改变主体间的关系强度，所得网络的知识流动效率（用网络平均知识水平和知识流动速度衡量）和知识分布的均衡性（用网络知识分布方差衡量）呈现出不同的变化规律，把复杂知识网络的知识流动表现出的高流速、高平均知识水平和低知识分布方差作为涌现特征[190]。花燕锋和张龙革（2014）认为知识涌现系统的运行过程即知识创新的生成过程[191]。Grand（2016）认为知识涌现是从个人的学习和分享直到团队知识成果产生的过程，系统知识实现由低级到高级的跃迁[192]。从结果视角来看，Jin 等（2018）认为知识涌现是复杂系统宏观层面的知识创造现象[193]。Li 等（2021）认为特定技术的涌现是在自组织、同步和协作机制下，涉及某项技术的个体活动或行为的相对大规模聚集或聚集现象，类似聚集和累积中形成规模效应产生的群体智能。[194]

根据上述知识涌现的特征，本书扩展知识涌现理论。从系统论出发，关注系统区域创新生态系统共生要素之间的相互联系所能产生的整体功能，认为区域创新生态系统能创造出无法由单独个体独立实现的系统层面的新知识，打破区域层面现有知识最先进的水平。由此，本书给出区域创新生态系统的知识涌现的定义，区域创新生态系统的知识涌现是依托创新环境，由企业、大学、研究机构等直接参与创新的主体互动交流创造新知识的现象，是区域创新生态系统知识创新突破原有知识水平的体现。

二、理论基础

（一）共生理论

共生理论（Symbiosis Theory）是生物学的重要理论。共生的概念首先由德国真菌学家 Anton de Bary 于 1879 年提出，是描述物种之间关系的理论，其描述不同物种是如何建立物质联系生活在一起的，以及生物体是如何进化发展的。同一时期，Frank（1885）[341] 和 Pfeffer（1887）[342] 提出真菌生存于植物根部，双方形成互惠的共生关系，有助于双方的生存。随着共生理论的发展，学者认为不同物种之间存在多样化的共生关系，具体可分为捕食、寄生、偏利和互利等，突破了原本认为共生仅是指生物种群间的互利关系。Lynn Margulis 发展和完善了共生理论[343]，她倡导的共生理论在 1981 年才被学者接受，她提出真核生物中的线粒体是原核生物在共生中逐渐演化而成的，批评了强调优胜劣汰的新达尔文主义，认为共生才是物种进化的动力而非适者生存。在共生理论长期的发展中，共生的概念不再局限在生物界中，共生概念被扩展为两个或多个种类的相互作用，且这种相互作用有利于生存和发展。基于共生的协作本质，共生理论的重要性日益凸显。

学者们发现共生现在不仅存在于自然界，共生现象在人类社会中屡见不鲜，共生理论有了超出生物学领域的社会价值。由于自然科学领域共生理论对社会科学的影响，共生理论逐渐被引用到社会科学中。社会学学者胡守钧阐述了"社会共生论"思想[195]，首先明确了共生关系遍布人与人、人与自然之间，揭示出人类存在的基本方式就是社会共生，只有共生，人类才能生存和发展。社会经济学领域学者袁纯清（1998）指出共生关系是共生系统发展的基本，共生关系是共生单元在一定环境中交换物质及能量产生的，具体可分为寄生、偏利共生和互惠共生[196]。并在此基础上，提出了共生的构成要素包括共生单元、共生模式和共生环境[197]。具体来看，共生单元是基本的构成单位，成员基于各自专业性成为生态系统的一部分，各单元具有多元性，能在专业性及功能性等方面互补，进行能力的生产和交换[198]；共生模式也叫共生关系，是共生单元之间相互作用的方式，可随共生单元的性质变化而变化。共生环境是除了共生单元之外的所有因素的总和，是影响共生单元相互作用关系的外在状态，包括政策环境、制度环境、市场环境、文化环境等，对共生单元及共生关系具有一定的作用效果。

当前学者们对共生的探索涵盖多个研究层面，胡晓鹏（2008）以产业为共生单元，探究了产业共生程度的度量及机理[199]。陈劲（2009）认为以产学研的战略协同，以知识、技术、信息交流为主要方式使产学研合作各方保持互惠、共生的协作关系[200]。Galateanu 和 Avasilcai（2014）、Armstrong 和 Ahsan（2018）探讨了创业生态系统中不同参与主体间的价值共生关系，如客户与企业研发团队[201]、跨国公司与新创企业、小额信贷机构间的价值共生关系等，主要涵盖不同层面价值共生关系的影响因素、关系的形成与演化机理以及价值共生关系对单一主体和多主体的作用效果[202]。张旭雯等（2023）以校企联盟为研究对象，指出双方在技术层面、组织层面甚至是战略层面均存在双方物资资源、人力资源等多种资源的深度融合，实现了一体化共生[203]，并衍生了许多研究方法，如 Lotka-Volterra 模型、Logistic 模型等经典模型。

区域创新生态系统中存在多层级共生现象。企业、大学及研究机构是主要的知识创新主体，是系统中最主要的共生单元，同时由于企业的投资属性，政府、金融机构和企业是主要的创新金融主体，为知识创新提供资金支持，多主体之间联系紧密。在区域创新生态系统开展知识创新活动的过程中，要面对市场需求、政府需求等需求各异的创新需求导向，这使单独的创新主体难以应对复杂的知识需求，需要多元主体共同努力在合作中实现发展，通过共生主体各具特色的分工相互补充。另外，区域创新生态系统还存在与外界的物质和能量的交换关系，系统与环境共生。多层级共生促进了区域创新生态系统资源配置的效率，为知识涌现创造了必要的条件，可应用共生理论来分析解释区域创新生态系统知识涌现的产生条件及优化路径。

在中国情境下，各区域创新生态系统发展不均衡，知识涌现差异的存在不仅是因为知识创新主体之间的协同不足，还包括投资主体之间的互补状态不佳，环境对系统的支撑不足，探讨区域创新生态系统共生要素与知识涌现的关系是十分必要的。本书将共生理论作为探究区域创新生态系统知识涌现的理论支撑，基于共生理论对区域创新生态系统的环境以及企业、学研机构、政府和金融机构的相互作用情况做出更好的说明，并基于共生理论的视角建立共生要素与知识涌现的联系，进一步探究共生环境、共生关系、共生网络三个共生要素给知识涌现带来的影响，从单独的共生要素和不同共生要素组合两个层面探究对知识涌现的影响作用，以最大程度发挥共生优势，激发区域创新生态系统知识涌现。

（二）知识基础理论

知识基础理论是资源基础理论的一个延伸，该理论突出了知识的重要性，将知识作为一种最重要的资源，看作企业具备的独特优势。该理论解释了企业的本质，企业涵盖大量异质性显性及隐性知识，是专业知识的集合体，根据自身掌握知识的类别、数量、结构、质量的不同形成了独特的竞争优势。Conner 和 Prahalad（1996）在研究中表明知识基础的优势是企业存在的原因[204]。企业在发展中通过多种方式完成知识的共享和传递，在知识的整合中实现新知识的创造，强化知识基础，取得可持续性的竞争优势。格兰特（Robert M. Grant）在 1996 年指出，企业具有开发和利用知识的优势，通过协作机制能有效促进正式及非正式的互动和交流，从而影响知识共享[205]，企业间根据不同流动方向的资源、复杂的信息和利益情况建立不同类型的相互依存形式来完成知识资源的交换（Grandori，1997）[206]。企业通过互补知识的联合汇集了更多的知识资源，通过整合改变了已有的知识结构，形成了自身的知识创新能力，在发展中形成了企业之间的差异。Nickerson 和 Zenger（2004）[207] 联系治理形式和实际问题，从解决问题的视角扩展了知识基础理论，关注企业知识集合的发展，为企业产生卓越的性能提供有价值的解决方案。如何利用已有的知识不再是企业的难题，如何突破当前知识的局限开展广泛的知识互动产生新的知识才是企业的基本目标，是企业长期且持续发展的关键。

对于区域创新生态系统而言，系统中除了包含主体赖以生存的共生环境，还包含着若干个具备各自知识基础并能获取知识、吸收知识、整合并创造知识的知识创新基础共生单元。区域创新生态系统透过知识产生价值，在多个知识创新基础共生单元的作用下，主动完成知识的转移和共享，实现知识的交换，在系统原有知识的基础上通过在知识的整合和重组形成区域创新生态系统的知识涌现，如此往复，在循环积累中实现知识增长，为区域创新生态系统的恒久发展提供保障。知识涌现是知识创新中的一个新概念，能体现更优质的知识创新能力，侧重于对潜在知识的探索和创造，增加原有知识基础的宽度。在追求知识涌现的目标下知识创新主体追求创造新的知识，这种知识创新成本较高，并且由于来源不同的知识整合较为困难，创新过程不确定性程度高，风险性更大。对于区域创新生态系统来说，只有知识的涌现能防止知识的僵化，给系统的发展带来源源不断的动力。本书则是探究如何在区域创新生态系统这一知识创新的空间中实现知识基础理论中强调的形成新知识的目标，使区域创新生态系统的知识具备解决系统中复杂问题的能力。

为实现区域创新生态系统的知识涌现，需要通过主体与主体的共生、环境与系统的共生扩充系统的知识储备，为重新组合知识、实现知识涌现提供基础。在区域创新生态系统中，知识转移和知识共享都是知识创新主体获取互补知识的方式，如何通过知识创新主体的共生关系获得知识转移并通过共生网络构成的知识交流界面获得知识共享值得深思，共生要素是否保证了区域创新生态系统知识涌现的持续性值得探讨。由此，本书基于知识基础理论从共生关系和共生网络这两个共生要素探究它们对知识涌现的影响具有重要意义。

（三）耗散结构理论与熵理论

耗散结构理论是自组织理论的一部分，最初起源于热力学领域，是由化学家、物理学家普利高金（Ilya Prigogine）于 20 世纪 60 年末提出的，他阐述了热力学系统在远离平衡态时的行为与平衡态行为截然不同的原因，他认为系统并非与外界环境没有物质和能量交换的孤立系统，也不是只有能量交换的封边系统，而是与外界同时存在物质、能量交换的开放系统。在研究气体及液体时，指出系统在与外界相互作用中动态变化，上亿个分子不停运动，且不同物质之间相互作用，正是由于这种动态运动，使系统在一定条件时演化成与初始情况不同的有序状态，完成跃迁。由此说明，耗散结构是远离平衡态的开放系统。只有当系统具有开放性、动态性、非线性作用和涨落特征时，才有可能突破原有的系统稳定，形成新的时间、空间或功能上的稳定状态，形成耗散结构。由于耗散结构的存在，是生物得以生存和生长的关键，为社会系统的有序化发展提供了可能。随后，学者们指出耗散结构理论具有普适性，因社会领域的进化规律与自然界相似，耗散结构理论同样适用于社会领域，延伸了耗散结构理论的应用领域，是连接社会与自然的重要理论。

形成耗散结构的系统需要具备以下四个条件：第一，系统应保持开放，开放性系统是保证系统与外界产生物质、信息和能量交换的必要条件，从而能将系统混乱、无序的不利于系统发展的物质排出系统，也能吸收外部环境中的有益于系统发展的正向物质及信息，在与外部环境的相互作用下，系统才会不断变化，成为系统进化的基础。第二，系统处于非平衡态，非平衡态说明系统并非均匀、长期不随时间变化的系统，非平衡态是普遍的，处于非平衡态的系统才会主动寻求更利于系统稳定发展的方向演化。第三，存在非线性的相互作用，系统内部物质存在差异性，物质间相互作用不是成比例变化的线性关系，而是复杂的非线性关系，例如物质间存在的正、负反馈机制，在相互作用中才能逐渐协调。第四，存在涨落。系统在内部与环境，内部主体与主体间的作用下整体状态发生改变，表现为初始状态的偏离即为系统的涨落，为巨涨落跃迁至高层次有序提供了可能。

熵最初是一个热力学概念，由德国科学家劳伦修斯（Rudolf Julius Emanuel Clausius）在1865年提出，是吸收的热量与温度之商，熵的大小是度量这些无法参与热力学过程的耗散的程度。随着统计物理、信息论等一系列科学理论发展，熵的本质才逐渐被解释清楚，即熵的本质是一个系统的无序、混乱程度的一种度量。若系统是一个远离平衡态的孤立系统，则没有物质和能量的流动，此时系统的熵只能不可逆地增加，趋向最大的。熵值增加代表系统无序度增大，这意味着系统逐渐从有序到无序，从高能量向低能量转变。因此，若想提高系统的有序程度，必须采取有效的措施使外界环境中的物质、能量和信息输入到系统中，通过输入负熵降低系统熵值，保证系统的存在和发展。

普里戈金根据热力学定律给出了总熵变公式，一个系统熵的变化由熵产生和与外界进行能量交换引起的熵流组成：$dS = d_iS + d_eS$。其中，dS 为总熵变，d_eS 为系统与外部系统的熵流，d_iS 为系统内部产生的熵（熵产生）。根据热力学第二定律，孤立系统或者封闭系统的熵无法减少，只有系统保持开放状态与外界进行物质和能量的交换，才能给系统带来负的熵流（d_eS）。

耗散结构理论实际是对热力学第二定律的延伸，这一理论指出当系统远离平衡态并且系统的总熵（dS）达到一定阈值，才能使系统从无序状态向有序状态演化，形成稳定有序的耗散结构，为系统的进化提供动力。一般来说，负熵的引入无法一次性地抵消系统内部产生的熵增，需要系统的多次反馈和自组织过程才能使系统从无序向有序转变，揭示了自然界有序现象的产生和演进。

根据耗散结构理论和熵理论，本书认为区域创新生态系统是一个耗散结构系统。在区域创新生态系统动态发展中，为获得创新支持始终保持开放状态，受到系统外部法律环境、自然环境等环境的作用产生熵增和熵流，不断受到影响而偏离平衡态，并反作用于外部环境，在熵的影响下，区域创新生态系统的状态在环境的推动下不断发展，更加有序或更加无序，若 $dS<0$，说明区域创新生态系统在与环境相互作用的过程中，总熵呈减少趋势，系统有序度显著提升，系统发展态势较好；若 $dS>0$，则说明系统的总熵增加无序度增加，意味着系统内耗、混乱程度增加，共生环境需要用新的方式进行配置，否则不利于区域创新生态系统的发展。企业、学研机构、政府、金融机构等主体有不同的属性及优势特征，主体之间密不可分，彼此之间具有非线性相互作用，在系统运行中会不断遇到干扰系统稳定的涨落现象。可见，区域创新生态系统满足耗散结构的开放系统、非平衡态、非线性相互作用以及涨落四个判别条件，能在创新发展中实现系统跃迁，进行自组织演化，在与环境相互作用中不断发展，不断地适应和调整，使区域创新生态系统保持创造新知识、产生知识涌现的能力。

（四）社会网络理论

社会网络理论的雏形最早由英国人类学家 Robert Brown 在 20 世纪 30 年代提出。20 世纪 50 年代，美国数学家 Harry Harlow 首次使用"社会网络"一词。直到 20 世纪 60 年代，社会结构的概念得到了广泛的应用，逐渐渗透到了心理学、人类学、统计学、社会计量学、经济学等领域。20 世纪 70 年代，Harrison Whitte 为社会网络领域做出了巨大贡献，他开发了基于社会结构的数学模型和多种社会关系网络中行为者等价模型，用实证方法测量了社会关系的模式，引发了将社会视为网络的探讨，使社会网络理论逐渐成为更具系统性的理论。20 世纪 80 年代，更为成熟和完整的社会网络的概念由美国社会学家 Wellman 提出，"社会网络是由个体间的社会关系构成的稳定的系统"，他把网络视为行动者之间的社会关系，稳定的模式构成社会结构。随着该理论应用范围的不断拓展，社会网络理论逐渐成为研究社会科学问题的全新范式，并形成了其独特的理论体系和分析方法。社会网络的概念不再局限在人际关系的范畴，网络的节点不仅可以是个人，也可以是其他，如组织、部门等集合单位。社会网络理论自其诞生以来，经历了不同阶段的发展。早期社会网络理论主要关注宏观结构，强调社会网络的稳定性、规模和密度等。

在这一阶段，研究者主要从静态和动态两个角度对社会网络进行分析，探讨了网络结构对个体行为和集体行为的影响。随着研究的深入，社会网络理论开始向功能主义方向发展。这一阶段的研究重点在于揭示社会网络的功能及其对于个体和群体的意义。研究人员开始关注网络位置、网络资源以及网络变迁对社会现象的影响，从而使社会网络理论具有更强的解释力。

具体来讲，社会网络理论主要包括强弱联结、社会资本、结构洞核心思想。

强弱联结理论是社会网络理论的重要分支，这一理论认为，在社会关系中，由于互动频率、信任水平等方面的不同，行成了联结程度不同的强联系和弱联系，无论联结程度的高低，强联系和弱联系都具有独特的作用，发挥着不同的传递功能。Hansen（1999）指出在知识复杂程度较低时，弱联结有助于知识的搜寻，能提高知识转移的速度，而知识复杂程度高时，则需要借助强联结的紧密联系完成复杂知识转移[208]。一般而言，强联结有助于复杂知识和隐性知识的转移，这种关系建立在自身和外界的知识交流中，一般比较稳定，组织间在多次联结中互相信任，有助于建立稳定的合作关系共同完成研究项目，高效率地转化和传递复杂或者隐性知识信息，增强组织的创新能力。也有研究认为，弱联结更为重要，它是获得非冗余新知识的主要途径，由于弱联结主体通常拥有不同背景和专长，为获得新颖和多样化的知识和信息提供了机会。整体而言，两种联结方式均有助于知识的传递。

社会资本理论由法国社会学家 Bourdieu 于 1980 年率先提出[209]。美国社会学家 Coleman 在 1988 年对社会资本进行了更为全面的研究[210]，他使用了社会资本的概念并对其内容进行了相对完整的阐述，他认为社会资本代表了行动者通过社会网络或其他社会结构的成员身份获得利益的能力。Inkpen 和 Tsang 于 2005 年指出，人际关系网络具有重要的价值，也就是资本，社会资本嵌入在社会关系网络中，是个体或者组织在网络中能获取的总资源，网络为知识的转移提供了途径，个体或组织可优先从网络中获取新知识[211]。通过与其他人的联系，能获取到更多形式的可利用的资本，一般情况下，一个人拥有的人际关系越多，其拥有的社会资本就越丰厚，人际关系的社会背景、实际需求等方面的异质性越大，社会资本则越多样，拥有社会资本的多少直接影响获取资源的能力。社会资本的嵌入性认为资源是嵌入在社会网络中的，构成了社会资本研究的基本理论。Nieves 和 Osorio（2013）指出，社会网络是知识交流和组合的先决条件，在知识创造中扮演着重要角色[212]，能有效减少知识交易成本或网络化的市场成本[213]。

结构洞理论于 1992 年由美国专家 Burt 提出，重视在自我的社会网络中各网络成员间的关系形式。该理论认为社会网络有两种表现形式：一种是网络中的个体之间均存在着两两关联，这种情况下整个网络存在着重复关系，不存在结构洞，这种形式在小范围群体中普遍存在；另一种是网络中存在某个主体与另一个主体建立了连接，但未与其他主体建立直接其他的重复联系，这会在整个网络结构中产生一个洞，称为"结构洞"。结构洞理论认为有结构洞的网络比完全连接的网络更具优势，这是由于结构洞的存在能为网络中多个独立的个体建立连接的桥梁，为连接双方提供更多的资源和信息，有助于关键信息的传播，为网络带来更多的信息。占据结构洞的个体也具有一定优势，若个体能占据结构洞，可以凭借位置的优势获得大量的非冗余信息，凭借丰富的信息来源以及控制信息的能力容易形成独特的竞争优势，区域创新生态系统如何在联系中建构自身的关系网，使自身成为关键的信息渠道，是区域创新生态系统取得竞争优势的良方。

社会网络理论逐渐成为研究网络的理论支撑，已被应用在知识创新研究的多个层面。在企业层面，Schilling 和 Phelps 认为知识转移通过社会交互产生，研究了组织内各个部门间的关系强度和关系类型对知识转移的影响，探究了嵌入在联盟网络中的企业因具备高聚类及高覆盖特点会有更好的创新产出[214]。Wang 等（2014）分析结构洞、中心性在协作网络和知识网络中会产生不同的作用[215]。在城市及国家层面，Breschi 和 Lenzi（2016）指出城市内部及城市之间的协作网络有助于更新城市知识库[216]，Gui 等（2018）认为国家间可形成关联矩阵进行联合知识生产[217]。从区域层面来说，Stuck 等（2016）将网络研究的理论和概念应用于 RIS 框架中[218]，Shapiro 等（2010）分析了各地区在区域之间的合作关系网络中的中心度、密度、碎片化分析的特征[89]。通过已有的研究发现，区域创新生态系统作为多主体共存的复杂系统，需要建立知识创新主体间的创新合作和资源传递共享机制才能保证系统高效运转，实现知识涌现。学研机构与企业进行知识协同创新的关键机制是构建共生网络，企研知识协同创新是实现区域创新驱动发展的关键动力，企研知识的异质性融合能有效促进区域的发展。一旦各知识创新主体间的合作关系或者资源传递共享出现问题，可能会引起创新生态系统生产效率低下，甚至使系统结构遭到破坏。搭建共生网络的潜在前提是各创新主体包括企业、高校以及其他机构等具备相互合作的意愿，且在创新资源共享互补以及供给需求相互匹配上具备一致性的合作期望。因此若有一方存在合作机会主义、合作意愿缺失或者无法形成创新资源能力互补空间，或者在创新收益层面分配不当，则难以实现区域创新生态系统高度共生，导致创新受阻，阻碍知识涌现。随着区域创新生态系统互动水平的提高，各主体间会建立高度信赖的合作关系，降低创新成果的交易费用和知识技术的扩散成本。区域创新生态系统信任度的提高会克服要素的黏滞性，跨越因管理、商业、法律等方面的障碍，促进知识的交流和转移。

由于当前创新的复杂性，构成区域创新生态系统知识创新主体种群的个体为了使用系统内部和外部的知识[219]，通过广泛的合作交互构成了共生网络，一部分形成系统内部的共生网络，另一部分形成区域间的共生网络。不断地交流学习实现知识、资源、资金等各类要素的吸取，将不同知识创新主体的功能与效用最大限度地发挥出来，激发整体的知识创新活力。以社会网络分析理论为基础研究区域创新生态系统的双层共生网络，可以观测区域创新生态系统的双层网络特征，将复杂的内、外部双层共生网络与区域创新系统的知识涌现联系在一起，借助社会网络理论揭示怎样的合作网络才会提升区域创新生态系统的知识涌现，使合作网络充分发挥规模和结构效应，促进区域创新系统的知识涌现。

三、研究框架

区域创新生态系统知识涌现是客观存在的，是宏观层面知识的产生，它的产生来自系统与环境、个体与个体之间的复杂的、非线性相互作用[220]。结合对区域创新生态系统共生现象的分析，区域创新生态系统的共生环境、共生关系和共生网络三种共生要素能描述系统复杂的共生情况，可对知识涌现进行有效的解释。本书以共生理论为指导，主要探究非生物层共生环境，以及生物层由主体构成的共生关系和共生网络共三个共生要素在知识涌现中发挥的重要作用。由于共生环境为微观创新主体的生存发展提供了必要的条件，与主体层面每个部分的发展都密切相关，共生环境是主体形成共生关系和共生网络的必要前提，各区域在发展中主动协调主体间的共生关系以实现创新金融资金筹集并完成知识转移以增加知识存量，再通过基础共生单元的合作构建知识交流和共享的渠道来配合共生环境。同时，共生关系又为共生网络构建提供了知识基础。由此，本书首先从共生环境和共生主体（关系、网络）两个维度，搭建"环境驱动—关系协调—网络共建"的单独分析框架，依次探究共生环境、共生关系、共生网络对区域创新生态系统知识涌现的影响，其次在揭示了三个共生要素对知识涌现影响的基础上，进一步探究三种共生要素的组态效应对知识涌现的影响，以探究各区域创新生态系统实现知识涌现的具体路径。

首先，聚焦于共生环境对区域创新生态系统知识涌现的影响。区域创新生态系统环境是一个大的概念，这其中包括实现区域创新生态系统已有的技术基础、产业结构，也包括规范创新活动的制度环境，还包括能吸引人力资源和资金资源的自然环境，以及能降低收益风险、提供创新动力的市场环境。这些环境能共同发挥环境效应，降低创造新知识的风险，促进区域创新生态系统主体共生发展，促进知识创新主体间知识转移和共享。在区域创新生态系统实现知识涌现的过程中，良好的共生环境是跨越知识创新障碍的重要条件，作为知识创新的主要驱动力，直接影响知识创新主体的创新意愿及知识创新主体共生体的发展。根据耗散结构理论将环境与区域创新生态系统的熵变联系起来，构建了共生环境的评价指标体系，其中共生环境包括代谢型、还原型、支持型、压力型四个维度，根据评价结果掌握中国各区域创新生态系统的共生环境发展情况。在此基础上，从线性视角和非线性视角分别探究共生环境对区域创新生态系统知识涌现的影响，为进一步完善共生环境提供建议。

其次，解析共生关系对知识区域创新生态系统知识涌现的影响的运作机理。将区域创新生态系统划分为知识创新子系统和创新金融子系统，分别探究知识创新主体之间的共生关系和创新金融主体间的共生关系，打开耗散结构理论只关注宏观层面输入、输出而无法解释系统主体相互作用的黑箱。借助种群竞争 Lotka-Volterra 模型描述系统中共生单元的相互作用，以相互作用系数识别当前我国各区域创新生态系统的共生关系。由于共生关系是一段时间内根据现实数据拟合的结果，并且本书涉及多主体之间的共生关系，每个共生关系又会出现多种类型，不能用面板数据回归模型探究其对知识涌现的影响。为解决探究共生关系对知识涌现影响的难题，本书将 Lotka-Volterra 模型引入系统动力学模型，构建了涵盖共生单元间相互作用的区域创新生态系统知识涌现系统动力学模型，揭示了知识创新主体间的共生关系和创新金融主体共生关系的实质：知识创新主体通过共生关系的相互作用，企业和科研院所能在共生关系的作用下完成知识的转移，将对方拥有的知识融入自身的知识资源中，提升自身的知识储备，为进一步建立产学研合作关系完成知识共享提供了雄厚的知识基础，在知识转移中缩小双方的知识距离，能有效缩短自身知识创造的研发进程，是实现知识涌现总目标的重要保障；创新金融主体在共生关系的影响下协调各主体的创新资金，为知识涌现提供动力。在此基础上，用 Vensim PLE 软件进行仿真分析和情境设置，剖析了共生关系变化对知识涌现的复杂影响，为区域创新生态系统提升知识涌现提供有益参考。

再次，在利用社会网络理论分析探究共生网络的结构和规模的基础上，探究共生网络对知识涌现的影响。由于知识创新基础单元的独立创造知识的能力有限，在知识主体共生关系带来主体知识转移的基础上，知识创新基本单元在共生环境的支持下通过与其他单元建立伙伴关系形成共生网络，为共享知识或共同研发提供了渠道。新知识是通过现有知识的重组和整合创造出来的[221]，有价值的知识可以是显性知识，也可以是隐性知识，从根本上是社会嵌入的，社会互动和协作在知识创新中显得尤为重要，促进了知识创新主体间社会网络的产生[222]。共生网络的存在大大增加了知识组合和交换的机会，放大了异质性知识的流动，直接影响知识的获取和转移，实现资源和信息的共享与互补，根据社会网络理论中的社会资本理论，若知识创新主体拥有先验知识，拥有认识知识信息价值的能力，则具备吸收和应用新知识的能力，可通过社会关系获得合作方的知识中对自身有用的信息和知识，促使企业或大学获得更高的知识创新能力，甚至能在非计划的知识组合中产生新知识，实现知识资源的整合，为知识创新提供新思路[223]。由于创新合作不仅局限在区域内部，还包括跨区域的先进知识的引入，本书从内、外部双层网络视角分别考虑区域创新系统内部创新合作与跨区域共生网络对区域创新系统知识涌现的影响，为构建最优的共生网络提供借鉴。

最后，本书在分别探讨共生环境、共生关系、共生网络对区域创新生态系统知识涌现的重要作用后，由于区域创新生态系统的知识涌现依赖于共生要素共同影响，进一步地整合区域创新生态系统的三个共生要素的具体指标，构建区域创新生态系统知识涌现的组态模型，系统地诠释各地区如何配置共生要素来提升知识涌现。以我国30个省份为研究对象，利用fsQCA从组态视角探讨知识涌现的多共生要素耦合路径，发现共生要素与知识涌现的"多重潜在并发因果关系"，指导各区域创新生态系统配置资源，选择合适的路径利用不同的共生要素组合实现知识涌现，为各区域创新生态系统制定实现知识涌现的策略提供理论参考。本书的研究框架如图2.1所示。

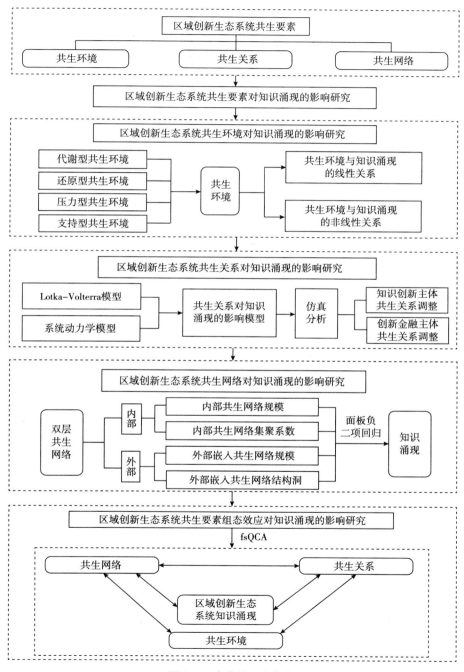

图 2.1 本书的研究框架

四、本章小结

本章主要对研究所涉及的理论进行了整理和分析，在大量阅读已有文献的基础上，分析了区域创新生态系统、区域创新生态系统共生要素及知识涌现的概念。随后，本章梳理了共生理论、知识基础理论、耗散结构理论、社会网络理论，结合相关理论分析了共生要素对区域创新生态系统知识涌现的潜在关系，包括共生环境、共生关系和共生网络对区域创新生态系统知识涌现的独立影响，以及共生要素对知识涌现的组态效应，构建了本书的理论框架。

第三章

区域创新生态系统共生环境对知识涌现的影响研究

区域创新生态系统共生环境对系统的作用包括内部代谢型、内部还原型、外部压力型、外部支持型四类富有生态学特征的熵值变动，突破传统还原论的部分构成整体的思想，从系统科学角度出发，将共生环境与区域创新生态系统通过熵变联系起来进行共生环境的衡量，在此基础上构建共生环境与知识涌现的关系模型，探究区域创新生态系统的共生环境与知识涌现的线性与非线性关系。

一、共生环境测算

由于中国各区域创新生态系统的经济发展水平、产业结构等方面均存在着不同，各地区的共生环境也往往存在很大差异，把握区域创新生态系统共生环境现状对后续探究共生环境与知识涌现的关系尤为重要。目前对于区域创新生态系统共生环境的测度，夏后学等（2019）认为营商环境的优化能降低企业进入市场的门槛、节省制度性交易成本及时间成本，企业的自主创新活力通过营商环境的杠杆力量被激发[224]。杨震宁和赵红（2020）结合调查问卷测度了企业深嵌的正式制度及非正式制度环境，环境中涵盖着知识产权关系保护体系、行业规范、法律法规等正式制度以及文化环境和风俗习惯等非正式制度，两种环境为开放式创新提供了运行框架，通过合法性压力以及非正式制度环境的补充作用减少了创新中知识窃取等负面问题的发生，影响着企业的开放式创新绩效[225]。对于区域创新生态系统基础设施环境的研究，韩先锋等（2019）在当前数字化、智能化的区域创新活动背景下，探究互联网这一宏观环境要素是不是区域创新效率的新动能，从五个维度构建出区域互联网综合发展水平的测度体系，根据全局主成分分析测算了互联网综合得分[226]。王德起等（2020）将区域创新生态系统的创新环境纳入分析特定区位创新环境发育水平的框架中，认为环境是系统的承载力子系统，通过经济、服务、金融和知识四个方面来反映[64]。

通过已有的文献发现，区域创新生态系统共生环境问题已引起了学者们的关注，这些研究为本书的研究奠定了十分重要的理论基础，但是目前有关共生环境的研究仍有待深入，有关共生环境的测算仍存在较大的进步空间。现有研究从还原论思想出发仅关注某一种环境的重要作用，或者是通过多要素的简单综合来体现共生环境，鲜有研究从共生环境在系统中的实际作用角度来测度整体的共生环境，难以全面地反映出区域创新生态系统共生环境的真实水平。基于以上不足，本章先对共生环境进行测算，在研究中运用耗散结构理论。耗散结构理论强调系统与外部之间物质和能量的交换，近年来被应用于建筑能源服务业[227]、养老保险系统[228]、企业创新系统[229] 多个领域。由于区域创新生态系统具备形成耗散结构的非平衡、开放、非线性和涨落特征[230]，耗散结构理论也能被应用在区域创新生态系统的研究中，共生环境以影响区域创新生态系统熵变的方式影响着系统的有序度，使区域创新生态系统稳定有序。本书基于系统科学的耗散结构理论，根据环境对区域创新生态系统熵值（有序性）的影响，构建衡量共生环境的指标体系，并建立共生环境测算模型，对区域创新生态系统的共生环境进行全面测度，以中国省域划分的区域创新生态系统作为实证研究对象，掌握各区域创新生态系统共生环境现状，为后续分析共生环境对知识涌现的影响提供基础。

（一）指标体系与评价模型

区域创新生态系统包括主体和环境两部分，它们之间的高效互动是区域创新生态系统有序运转的基础。共生环境以信息流、物流、资金流贯穿创新主体为知识创新提供必需品，并吸引外部资源增添知识创新活力，与区域创新生态系统其他要素之间呈高效非线性作用，保障创新活动的开展，是系统演进的能量来源之一，影响着系统是否能成为耗散结构。热力学中"熵"的概念是耗散结构理论中有序度的度量，随着社会需求的改变，产品生命周期逐渐变短，区域创新生态系统若想为知识涌现提供有利的共生环境，需要时刻保持开放，与外部进行物质和能量的交换增加系统负熵，优化各主体的人员配备、机构设置、管理模式、信息渠道等，并消除陈旧落后不利于发展的物质，弥补系统正熵。由于区域资源禀赋及对知识创新的重视程度不同，区域创新生态系统的共生环境差异显著，为有效衡量共生环境，借助耗散结构理论，用共生环境给区域创新生态系统带来的熵变来衡量共生环境的优劣。

1. 共生环境指标体系

科学合理的区域创新生态系统共生环境指标体系是合理全面地测度我国区域创新生态系统共生环境的保障，科学选取和确定共生环境指标尤为重要。本章在分析区域创新生态系统共生环境差异性的基础上，深入共生环境影响区域创新生态系统有序度的本质。结合共生环境的内涵和属性，指标选取遵循科学性原则、系统性原则、可比性原则，具体来说：参考国内外学者们关于共生环境的相关研究选取相应指标，构建区域创新生态系统共生环境指标体系，确保指标具有理论依据；遵循系统性原则将共生环境视为一个整体，全面考虑多种因素并确保共生环境指标体系严密合理、层次清晰；确保共生环境的评价结果在年度和省份维度上均具有可比性，能认识不同区域创新生态系统共生环境的差异及发展情况，保证指标来源一致，计算方法统一。

将区域创新生态系统的共生环境分为内部共生环境和外部共生环境，以省际行政区域为边界，内部共生环境来源于系统内部，是区域创新生态系统的地域性物质基础；外部共生环境则是与系统外部相联系的物质流入和流出。内部、外部共生环境共同营造了区域创新生态系统的运行环境。共生环境中的技术力、产业力、制度力、环境力和资源力都是知识创新活动开展所需的客观条件，直接影响系统"熵"的变化。创新生态系统技术力环境反映创新转化为新产品的能力及淘汰已有落后创新成果的能力，技术力环境体现区域创新生态系统已有的技术积累，是改进创新的基础。产业力环境中，产业结构体现着区域知识的涵盖广度，理想的产业结构是一个区域顺应时代发展并使产业重心向效率更高的产业调整，产业结构优化影响创新要素的集聚[231]。产业环境的优劣直接影响产业创新发展规模，目前来看高技术产业的创新规模和创新效率高于传统产业，具备比较优势。制度力环境主要体现在创新成果的保护中，良好的制度环境能提高创新积极性，推动创新生态系统的有序发展。环境力维度主要包括自然环境，自然环境水平往往能代表区域的发展水平吸引各类资源。资源力环境主要包括人才资源，是区域创新的支配性力量，优质的人才资源能提高创新效率，可有效解决创新生产困境。这些共生环境共同发挥创新生态系统环境效应，制约着系统发展，显然，各区域创新生态系统共生环境有所差别。

区域创新生态系统是复杂的开放系统，物质、信息和能量在系统内部及环境之间流动和转换，符合耗散结构特征。在共生环境的影响下，区域创新生态系统逐渐形成知识涌现功能。因此，可以通过衡量区域创新生态系统的熵变情况来了解共生环境。本书结合熵变理论，从两个部分评价区域创新生态系统的共生环境。一部分为区域创新生态系统内部环境代谢与净化的熵产生，另一部分是区域创新生态系统在开放式创新模式下与系统外部其他区域间物质和能量交流和互动中改变的熵流。其总熵变可表示为熵产生和熵流的和：$dS = d_iS + d_eS$，熵越高系统越无序。结合指标所致系统熵变的方向，将共生环境指标分为代谢型指标、还原型指标、支持型指标、压力型指标四类，构建环境效应的评价指标体系。下面分别对四种类型的指标进行说明：

（1）内部代谢型共生环境指标。

在选择代谢型共生环境指标时，以区域创新生态系统内部不利于发展的情况作为分析代谢型熵的基础。对于区域创新生态系统而言土地依赖、传统产业的比重、知识产权保护的缺失、环境约束、资源依赖、低端技术锁定环境逐渐成为了一个区域创新生态系统发展的阻碍，本书选取这六个指标作为代谢型共生环境指标，以体现无效环境资源带来的系统正熵，增加了区域创新生态系统的混乱程度。

1）土地依赖。已有研究认为土地依赖减少了知识创新的投入、削弱了区域创新生态系统主体的创新精神，抑制着知识创新活力。这是由于征收土地费用能为区域创新生态系统带来巨大的利益，且相较于税收费用，土地费用的管理和使用相对自由。地方政府倾向于出让土地获得收入，土地财政逐渐成为地方政府收入的重要来源，成为区域创新生态系统的收益后盾，甚至在利益的驱使下政府倾向于进一步发挥土地价值加大对土地的投资及建设[232]，减少研发周期长、收益不确定性大的知识创新投资，从而忽视了对知识的创新。对于区域创新生态系统而言，土地依赖不利于系统的发展，参考黄静等（2017）的研究，用土地出让收入占预算内收入的比重反映土地依赖[233]。

2）传统产业。虽然农业产业在我国很多区域创新生态系统中仍占据极其重要的地位，但以农业产业为主的第一产业相对于其他产业来说对知识创新的需求较低[234]，人员的劳动生产率也低于第二、第三产业，直接影响区域创新生态系统的知识创新研发强度。本书认为第一产业给区域创新生态系统营造了不利于知识创新的共生环境，选用第一产业占 GDP 的比重作为衡量传统产业的指标。

3）知识产权侵害。创新成果是一种非排他性的知识产品[235]，容易出现知识的侵占和滥用，甚至是窃取，类似的知识成果被他人免费利用的知识产权侵害现象会削弱创新者的竞争能力，因知识产权所有者在创新前期投入了大量的人力和资金成本，若侵害知识产权的行为多，则会使创新主体投入的资本成为沉没成本而无法弥补知识创新过程中的投入，从而降低区域创新生态系统知识创新主体的创新积极性。本书根据数据的可得性，参考史宇鹏和顾全林（2013）[236] 以知识产权侵权纠纷立案数量与结案数量的比值测度地区知识产权保护力度的做法，用知识产权纠纷案数量反映知识产权保护的缺失，数据来源于各年的《中国知识产权年鉴》。

4）环境约束。对于区域创新生态系统而言，知识创新还会受到资源环境约束等现实问题，环境保护是区域创新生态系统开展创新活动时需要平衡的重要问题，为了避免区域创新生态系统达到环境承载力，必然会由于生态环境的约束增加污染减排成本，压缩知识创新的利润空间，由于资金挤出效应的存在阻碍了新知识的产生。参考周建和顾柳柳（2009）用不希望生产的二氧化硫等副产品表示环境约束的做法[237]，本书采用人均二氧化硫排放量反映区域创新生态系统的环境约束。

5）资源依赖。资源依赖对区域创新生态系统的发展影响巨大，区域创新生态系统的知识创新活动建立在对资源依赖的基础上，而自然资源存量有限，若该地区十分依赖于区域的资源基础，单一的产业发展容易产生路径依赖，还可能存在资源枯竭的问题，都会限制知识创新发展，区域创新生态系统必须兼顾多产业的发展来降低创新风险，保证创新活力[238]，可见，资源依赖是共生内部环境中的消极环境之一。采矿业通常可以代表一个区域天然资源的丰裕度，本书选用城镇单位采矿业就业人数作为资源依赖的衡量指标。

6）低端技术锁定。区域创新生态系统的知识创新成果出现数量多，但大多数成果的质量较低的现象，这意味着该省缺乏自主创新能力，拥有低端技术锁定的共生环境。这种锁定效应会使区域创新生态系统难以摆脱已有模式，因缺乏技术积累而导致知识创新水平停滞不前甚至下降，对知识创新产生负向影响，不利于区域创新生态系统的发展。参考董春风和司登奎（2022）的研究，采用每万人非发明专利数量反映低端技术锁定[239]。

（2）内部还原型共生环境指标。

还原型共生环境指标是与代谢型共生环境指标相对应的可有效促进知识创新产生的要素，通过区域创新生态系统的工业化水平、产业竞争力、知识产权保护、环境规制、创新人才和创新载体六个方面来分析共生环境的应对困境的能力，作为还原型共生环境指标，以体现区域创新生态系统共生环境的恢复活力。

1）工业化水平。工业化水平能反映一个区域创新生态系统的生产效率及生产能力，由于工业化要求资本、人员等资源的集中，工业的发展水平为区域创新生态系统知识创新提供了重要的物质基础，对于推动区域的经济增长和创新能力具有重要意义，在区域创新生态系统的发展中发挥着主引擎作用。借鉴张辉（2023）的研究采用工业产值反映工业化水平[240]。

2）产业竞争力。当前产业结构优化转型的重点是第三产业的提升，产业升级带动了创新需求的增长，且第三产业的人才吸引力超过其他产业，能有效提高资源的配置效率并带动自主创新能力的提升[241]，实现知识研发、投入市场的迭代升级。第三产业对于区域创新生态系统的创新发展有着重要的促进作用，本书采用第三产业增加值占 GDP 的比重来反映区域创新生态系统共生环境中的产业竞争力。

3）知识产权保护。知识产权保护是影响知识创新的另一个重要环境因素，知识产权保护是创新产出的重要保障，对知识创新存在激励效应。吴超鹏和唐菂（2016）探究了知识产权保护影响创新的机制，指出能通过减少研发溢出损失促进创新[242]。由于我国各区域创新生态系统的知识产权执法力度存在着差异，参考龙小宁和林菡馨[243] 的做法，用各省被侵权方司法判决结案数量反映该地区的知识产权保护水平。

4）环境规制。环境规制是约束创新行为以达到环保目标的一种公共手段。根据著名的"波特假说"，虽然环境规制会在短时间内增加创新成本，但从长期视角来看，环境规制能通过提升生产效率弥补环境规制带来的高成本问题，促使知识创新主体开展更多的创新活动，有助于获得竞争优势[244]。本书使用各省的环境污染治理投资额占 GDP 的比重来反映区域创新生态系统的环境规制[245]。

5）创新人才。徐彪等（2011）在分析区域环境对创新的影响机制时指出区域创新生态系统环境包括人力资源环境[246]。高端人才梯队是区域创新生态系统中关键性的资源，有助于知识的传播及扩散提高知识研发活跃度。基于此，根据高技术产业显著的高端创新人才集聚特点，选用高技术产业 R&D 人员全时当量反映创新人才情况，数据来源于各年度的《中国科技统计年鉴》。

6）创新载体。共生环境是区域创新生态系统中除去共生主体以外的全部环境，信息基础设施是构建现代化基础设施的重要组分，是跨越数字鸿沟平等获得知识创新机会的保障[247]，水平高的区域创新生态系统有更高的共生环境比较优势。参考李坤望等（2015）和蒋含明（2019）的研究采用地区人均邮政和电信业务额衡量信息基础设施水平[248,249]，其能保障知识创新主体和创新金融主体进行交流，数据来源于《中国城市统计年鉴》。虽然信息基础设施为知识创新提供了信息载体，但仅用这一个指标并不能反映共生环境中为知识交流提供的有利条件，结合国家基础设施的布局，本书借鉴李晓娣和张小燕[95] 的做法考虑各区域创新生态系统根据自身资源禀赋、硬件设施等条件建立的科技孵化器、特色产业基地及国家级生产力促进中心作为知识创新的空间载体，研究数据来源于历年的《中国火炬年鉴》。本书认为大学科技园也承担着类似整合资源的载体作用，最终选取信息基础设施、国家级企业孵化器、特色产业基地、国家级生产力促进中心和大学科技园共同反映创新载体。

（3）外部支持型共生环境指标。

支持型共生环境指标是区域创新生态系统因其他系统资源的流入获得的外部支持，有效增加了系统负熵。在选择支持型共生环境指标时，主要考虑创新资源的稀缺性，每个区域创新生态系统都希望资本流入、限制资本外流。从这一角度出发，区域创新生态系统主要通过技术引进、资金流入的方式获取其他系统的资源，以此作为支持型共生环境指标。

1）资金流入。现实中拥有知识创新能力的区域创新生态系统并不一定有足够的资本积累，外商投资能满足区域创新生态系统知识创新的资金需求。另外，曲如晓和臧睿（2019）在研究中指出外商直接投资除了是创新资金的补充，其投资方向能解决各区域国际信息缺乏的问题，外商直接投资的流入还能通过示范效应带动知识创新、提高知识创新的质量，并通过知识的溢出对知识创新产生间接促进作用[250,251]。参照孙早和宗睿（2022）的研究[252]，将各省实际利用外商直接投资额作为反映资金流入的指标，数据来源于各省统计年鉴。

2）技术引进。技术引进是区域创新生态系统从区域外部获得先进技术的行为，通过技术引进可为区域创新生态系统创造知识吸收及利用的知识创新共生环境。参考詹湘东和王保林（2015）的研究[253]，选用技术市场流向地域合同金额作为技术引进的指标。

（4）外部压力型共生环境指标。

压力型共生环境指标则是外部环境中技术流出、资金流出等要素流出产生创新压力的系统正熵，保持与支持型共生环境的角度一致，作用方向相反的准则，采用技术市场技术输出地合同金额衡量技术流出，并选用对外直接投资来反映资金流出指标。其中，市场机制下的技术流出能通过委托开发、对外技术转让、技术咨询等方式获得一定收益，但技术外溢可能会成为技术输出地区知识创新的压力，稳定的转让收益导致自身的知识研发动力的不足，抑制自身的创新积极性，影响区域创新生态系统的长期发展。对于资金流出来说，对外直接投资对于区域创新生态系统存在一定风险，已有研究发现对外直接投资会造成已有资本的外逃影响自身的创新投资[254]，甚至过早地加剧"去工业化"使区域创新生态系统缺乏创新支撑，形成知识创新的负向激励，抑制创新发展，故选用其作为衡量外部压力型共生环境的指标之一。

按照以上分析，构建区域创新生态系统共生环境评价体系，四部分指标的矢量和共同形成创新生态系统熵变，具体指标情况如表 3.1 所示。其中，内部的代谢型环境和外部的压力型环境不利于演进发展，均为区域创新生态系统的正熵来源，内部还原型和外部支持型环境均是系统的负熵来源。区域创新生态系统的熵变可体现受内、外部共生环境影响的系统有序度和发展方向，分析了解不同区域创新生态系统的熵流和熵产生之间的动态平衡可以有效评价区域创新生态系统的共生环境。

表 3.1 区域创新生态系统环境效应指标体系

指标类型		指标名称	衡量方式
内部共生环境	代谢型 A	A1 土地依赖	土地出让收入占预算内收入比重
		A2 传统产业	第一产业占 GDP 比重
		A3 知识产权侵害	知识产权纠纷案
		A4 环境约束	人均二氧化硫排放量
		A5 资源依赖	城镇单位采矿业就业人数
		A6 低端技术锁定	每万人非发明专利
	还原型 B	B1 工业化水平	工业产值
		B2 产业竞争力	第三产业增加值占 GDP 比重
		B3 知识产权保护	被侵权方司法判决结案数
		B4 环境规制	环境污染治理投资额占 GDP 比重
		B5 创新人才	用高技术产业 R&D 人员全时当量
		B6 创新载体	信息基础设施
			国家级企业孵化器
			特色产业基地
			国家级生产力促进中心
			大学科技园

指标类型		指标名称	衡量方式
外部共生环境	压力型 C	C1 技术流出	技术市场技术输出地域合同金额
		C2 资金流出	对外直接投资
	支持型 D	D1 技术引进	技术市场技术流向地域合同金额
		D2 资金流入	各省实际利用外商直接投资额

2. 共生环境效应模型

根据上述分析，区域创新生态系统的熵值越小，则代表此时区域创新生态系统环境状态越好，越能有效保证知识创新，区域创新生态系统即在动态平衡中得到发展。计算区域创新生态系统的熵流和熵产生首先需要计算区域创新生态系统内部代谢与净化、外部支持与压力四种类型指标的年份熵：

$$\Delta E_{ji} = \frac{1}{\ln m}\sum_{i=1}^{m} f_{jik}\ln f_{jik}(i=1,2,\cdots,m;j=1,2,\cdots,n;k=1,2,\cdots,l)$$

(3-1)

其中，ΔE_{ji} 为构建的四种类型指标熵，$f_{jik}=\frac{q_{jik}}{q_{ji}}$，$q_{ji}=\sum_{k=1}^{l}q_{jik}$，$q_{ji}$ 为第 i 项指标各年标准化数值的和，m 为指标总数量，n 为研究年份数量，l 为研究样本数量，由于熵的矢量性，不需要处理指标正负。

根据四种类型的指标熵计算熵流、熵产生和熵变：

熵流=压力型指标熵-支持型指标熵

熵产生=代谢型指标熵-还原型指标熵 (3-2)

总熵变=熵产生+熵流

3. 共生环境测算模型

根据共生环境对区域创新生态系统熵变的影响，对中国区域创新生态系统的共生环境进行评价，明确中国不同区域创新生态系统共生环境的情况。

区域创新生态系统环境效应正熵及负熵的计算方式如下，假设共有 l 个评价对象，每个区域创新生态系统中正熵子系统和负熵子系统为 S_j，$j\in(1,2)$，其序参量为 $e_j=(e_{j1},e_{j2},\cdots,e_{jn})$，$\beta_{ji}\leq e_{ji}\leq\alpha_{ji}$，$\alpha_{ji}$ 和 β_{ji} 分别为第 j 个

子系统第 i 个指标的最大值和最小值。考虑到数据的量纲不同，为增加数据的可比性并减弱极端值的影响，对原始数据进行极差变换，以线性变换的方式使数据在［0，1］取值范围内均匀分布。正、负向指标的极差变换方法如式（3-3）、式（3-4）所示。

正向指标：

$$u_{ji}(e_{ji}) = (e_{ji} - \beta_{ji})/(\alpha_{ji} - \beta_{ji}), \ i \in [1, \ n] \tag{3-3}$$

负向指标：

$$u_{ji}(e_{ji}) = (\alpha_{ji} - e_{ji})/(\alpha_{ji} - \beta_{ji}), \ i \in [1, \ n] \tag{3-4}$$

对极差变换后的数据进行信息熵的计算，各区域创新生态系统各指标的信息熵 E_{ji} 为：

$$E_{ji} = \frac{1}{\ln l} \sum_{k=1}^{l} f_{jik} \ln f_{jik} \ (i = 1, \ 2, \ \cdots, \ m; \ j = 1, \ 2, \ \cdots, \ n; \ k = 1, \ 2, \ \cdots, \ l)$$

$$\tag{3-5}$$

其中，$f_{jik} = \dfrac{q_{jik}}{q_{ji}}$，$q_{ji} = \sum\limits_{k=1}^{l} q_{jik}$，$q_{ij}$ 为第 i 项指标所有评价对象各年标准化数值的和，计算熵值时为避免出现 0 值，令极差变换后的数据为 $u_{ji}(e_{ji}) + 0.0001$。指标权重 $\lambda_{ji} \geq 0$，$\sum\limits_{i=1}^{n} \lambda_{ji} = 1$，依据各指标的熵值计算每个指标的权重为：

$$\lambda_{ji} = \frac{1 - E_{ji}}{\sum\limits_{i=1}^{m} (1 - E_{ji})} \tag{3-6}$$

最后，每个区域创新生态系统的共生环境总体情况为：

$$G = \lambda_{ji} \times u_{ji}(e_{ji}) \tag{3-7}$$

G 的值越大，系统共生环境越好，λ_{ji} 为指标权重，$u_{ji}(e_{ji})$ 为原始数据的标准化数值。

（二）数据来源与处理

由于西藏数据有所缺失，本书选取中国的 30 个省份（不包括港澳台和西藏）为实证研究对象，由于指标 B6 中的国家级企业孵化器等大部分指标自

2013 年取得跨越式发展，指标 D2 各省实际利用外商直接投资额自 2020 年起多省份数据无法获得，为了确保数据完整性，研究的时间跨度选择 2013～2019 年。数据来源于 EPS 数据库、《中国知识产权年鉴》、《中国科技统计年鉴》、各省统计年鉴以及国家统计局网站。为保证各区域创新生态系统间可进行横向对比和纵向时间对比，将 n 年 30 个省份的截面数据排列在一起进行全局标准化处理[255]，此时 $l=n\times30$。

（三）共生环境测算结果

1. 共生环境效应发展规律

根据上述分析，以区域创新生态系统受共生环境作用带来的系统熵值的变化来体现共生环境效应。依据式（3-1）和式（3-2）可计算共生环境效应下区域创新生态系统的熵流、熵产生和总熵变。将我国 30 个省份创新生态系统按照东、中、西部划分，以地区均值探究整体发展情况，我国 30 个省份创新生态系统的整体情况和东、中、西部地区创新生态系统的熵流、熵产生和熵变情况如表 3.2 所示。下面分别从系统熵流和熵产生的角度对各地区的共生环境效应进行分析。

表 3.2　区域创新生态系统熵值与熵变

地区	指标	2013 年	2014 年	2015 年	2016 年	2017 年	2018 年	2019 年
全国	代谢型熵	0.7285	0.7318	0.7279	0.7244	0.7293	0.7296	0.7172
	还原型熵	0.7666	0.7763	0.7752	0.7806	0.7770	0.7666	0.7580
	压力型熵	0.7656	0.7026	0.6551	0.6295	0.7079	0.7080	0.7209
	支持型熵	0.6509	0.6731	0.6682	0.7466	0.7843	0.7975	0.8345
	熵产生	-0.0381	-0.0445	-0.0472	-0.0562	-0.0477	-0.0370	-0.0408
	熵流	0.1148	0.0295	-0.0131	-0.1171	-0.0765	-0.0895	-0.1136
	熵变	0.0767	-0.0149	-0.0603	-0.1733	-0.1241	-0.1265	-0.1544
东部	代谢型熵	0.6989	0.7071	0.7021	0.6863	0.6709	0.6520	0.6401
	还原型熵	0.7498	0.7696	0.7847	0.7922	0.8009	0.7874	0.7765
	压力型熵	0.7263	0.6485	0.5738	0.4893	0.6887	0.7336	0.8385

续表

地区	指标	2013 年	2014 年	2015 年	2016 年	2017 年	2018 年	2019 年
东部	支持型熵	0.6836	0.7358	0.6565	0.7461	0.8379	0.9273	0.8987
	熵产生	−0.0510	−0.0626	−0.0826	−0.1059	−0.1300	−0.1354	−0.1365
	熵流	0.0427	−0.0873	−0.0827	−0.2568	−0.1492	−0.1936	−0.0603
	熵变	−0.0083	−0.1498	−0.1653	−0.3627	−0.2792	−0.3290	−0.1967
中部	代谢型熵	0.7744	0.7686	0.7664	0.7858	0.7939	0.7882	0.7715
	还原型熵	0.8087	0.8334	0.8414	0.8291	0.8313	0.8137	0.8155
	压力型熵	0.8631	0.8228	0.7744	0.7347	0.8479	0.7676	0.7321
	支持型熵	0.5226	0.5552	0.6186	0.7056	0.7369	0.7885	0.8420
	熵产生	−0.0343	−0.0648	−0.0750	−0.0433	−0.0374	−0.0255	−0.0440
	熵流	0.3405	0.2677	0.1558	0.0291	0.1111	−0.0209	−0.1099
	熵变	0.3062	0.2029	0.0808	−0.0142	0.0737	−0.0464	−0.1540
西部	代谢型熵	0.7137	0.7211	0.7168	0.7028	0.7289	0.7594	0.7511
	还原型熵	0.7402	0.7209	0.6900	0.7126	0.6875	0.6890	0.6714
	压力型熵	0.7053	0.6352	0.6218	0.6839	0.5756	0.6105	0.5648
	支持型熵	0.7533	0.7274	0.7375	0.7928	0.7715	0.6490	0.7475
	熵产生	−0.0265	0.0002	0.0268	−0.0098	0.0415	0.0704	0.0797
	熵流	−0.0479	−0.0923	−0.1157	−0.1089	−0.1959	−0.0385	−0.1827
	熵变	−0.0745	−0.0921	−0.0889	−0.1187	−0.1544	0.0319	−0.1030

　　熵产生主要强调区域创新生态系统内部共生环境造成的系统无序情况，由区域创新生态系统内部环境的代谢型熵和还原型熵共同组成。从全国整体来看，四个地区的区域创新生态系统整体熵产生波动情况明显，波动由中部地区自 2016 年熵产生上升及西部地区自 2013 年熵产生波动上升引起。从东、中、西部三个经济带来说，只有东部地区的代谢型熵持续降低，下降趋势明显，这说明研究期间内区域创新生态系统的内部共生环境对系统发展的阻碍波动减少，系统混乱度有所降低，东部地区的内部共生环境有利好趋势，创新不利因素减少，而中部地区和西部地区的代谢型熵有所上升，西部地区的还原型熵甚至在波动下降，这意味着中西部地区创新生态系统对无效共生环境的还原程度不好，内部共生环境仍向无序方向发展。

熵流是区域创新生态系统共生环境通过外界物质交换造成的熵的改变，不是系统的内部性质，而是依赖外部条件不断交换的能量，由支持型熵和压力型熵共同组成，从外界补充的负熵流能补充内部共生环境的秩序，使系统的熵减少。从全国整体来看熵流有下降趋势，说明区域创新生态系统共生环境有所提升，有利于系统有序度的提高。从东、中、西部三个经济带来说，东部地区熵流在 2016 年出现最低值，中部地区下降趋势明显，西部地区熵流在 2018 年有明显的回弹，其余年份均有下降趋势，但并未影响全国熵流的整体情况。

总熵变由熵产生和熵流共同决定，全国整体区域创新生态系统在共生环境作用下的熵变呈明显的下降趋势，这说明在系统内部环境还原能力与外部支持型熵的作用能有效弥补系统内部代谢型熵和外部压力型熵的熵增，随着时间的推移，共生环境使系统朝着有序的方向发展。全国压力型熵在 2017 年有所上升，这说明 2017 年外部地区对系统的创新压力提升，支持型熵仅在 2015 年有微弱的下降，整体上升趋势明显，这意味着应对创新压力的能力也有所提升。中、东部地区熵变明显下降，而西部地区共生环境作用在 2018 年有明显的回弹，这主要是由西部地区的熵流导致的。从各地区的熵变值来看，东部地区熵值明显低于其他地区，存在明显的优势。

2. 指标熵权

在评价区域创新生态系统共生环境之前，首先进行指标权重水平及熵值的分析，直观体现指标重要性及熵值变动情况。代谢型指标和压力型指标的熵值作为区域创新生态系统的负熵来源，还原型指标和支持型指标的熵值作为区域创新生态系统的正熵来源。为明确不同类型环境效应指标对创新生态系统的影响，明确系统内、外部共生环境之间的关系以及承担提升创新动力的责任大小，根据式（3-3）和式（3-4）利用指标的信息熵确定区域创新生态系统环境效应指标权重（见表 3.3），整体来看，系统内部指标所占权重高于外部指标，区域创新生态系统内部共生环境代谢型指标 A = 0.0622，还原型指标 B = 0.6979；区域创新生态系统外部压力型指标 C = 0.0106，支持型指标 D = 0.2293。可见，区域创新生态系统内部共生环境的熵权高于外部共生环境熵权，说明现阶段我国区域创新生态系统内部共生环境较外部给予系统更强的支持，内部责任重于外部，为弥补正熵的增加应着重强化系统内部还原型措施的实施，避免出现内部支持无法与外部支持水平匹配的状况。

表 3.3 汇报了具体指标权重，传统产业（A2）、环境约束（A4）和低端技术锁定（A6）、资金流出（C2）所占权重较大，是区域创新生态系统正熵的主要来源，阻碍着区域创新生态系统的有序演进；工业化水平（B1）、知识产权保护（B3）、创新人才（B5）和技术引进（D1）则是系统负熵的主要来源，为创新提供良好的条件。其中，技术创新及知识产权管理对系统有序度起着重要的作用，我国各省需要着重关注技术创新及知识产权管理，防止因技术落后和知识保护问题导致系统混乱。

表 3.3　指标权重

指标类型	权重	指标	指标熵权
代谢型指标 A	0.0622	A1	0.1402
		A2	0.2634
		A3	0.0289
		A4	0.1887
		A5	0.1348
		A6	0.2439
还原型指标 B	0.6979	B1	0.1512
		B2	0.0493
		B3	0.2758
		B4	0.1182
		B5	0.2902
		B6	0.1153
压力型指标 C	0.0106	C1	0.3489
		C2	0.6511
支持型指标 D	0.2293	D1	0.5527
		D2	0.4473

二、 区域创新生态系统共生环境对知识涌现影响的理论分析

根据共生环境指标体系的构建，代谢型、还原型、压力型和支持型四类共生环境共同营造了区域创新生态系统的运行环境，其中技术力、产业力、制度力、环境力和资源力都是区域创新生态系统知识创新活动开展所需的客观条件，会对知识涌现产生直接或间接的、不同方向及程度的影响。共生环境是创新主体完成知识创新行为、创新投融资行为的主要推动力，从而直接影响创新主体的共生发展，甚至影响整个区域创新生态系统的发展进程，其中不可忽视的就是对区域创新生态系统知识涌现的影响和推动。

通常情况下，区域创新生态系统中的共生环境越稳定、优质，越能营造良好的创新氛围、有效降低知识创新的风险、促进知识流动、激发共生单元的创造力。共生环境对知识涌现的作用具体有以下体现：首先，共生环境激发了创新意愿。创新意愿是知识涌现的重要驱动力，知识创新主体的创新意愿建立在可控的创新风险之上，若区域创新生态系统中制度环境较好，可利用的金融资源丰富，可有效降低系统的创新风险，知识创新主体主动搜寻前沿知识进行知识的整合和创造；共生环境中的环境规制能增强主体对环境压力的认知，激发创新意愿[256]。其次，共生环境可以优化区域创新生态系统的资源配置。优质的共生环境吸引了创新活动涉及的人才、经费、基础设施资源等全部资源的流入，集成众多的创新资源。另外，开放的环境、创新载体的支持[226]、产业结构的升级[257]、完善的知识产权保护制度都可以提升已有资源的投入产出比例，提高资源的配置效率，通过创新载体的协调功能激活闲置资源，提升区域创新生态系统中资源的配置效率，并在产业结构升级中促进创新资源向高效率的创新主体流动，提高了区域创新生态系统知识涌现的能力。基于以上分析，在区域创新生态系统共生环境测度的基础上探讨

共生环境对知识涌现的影响是必要的，共生环境具体能给知识涌现带来何种影响需要进一步探究。

三、区域创新生态系统共生环境对知识涌现影响的研究设计

（一）变量测度

1. 被解释变量

被解释变量为知识涌现。根据本书对区域创新系统知识涌现的定义：区域创新系统知识涌现是个体层面的知识创新主体互动合作实现知识的层级跃迁、产生的知识创新。专利代表着创新背后的知识[258]，专利是衡量区域新知识生产的可靠标准，为体现知识涌现突破原有的知识水平的特征，选用更能体现知识先进性的方式衡量知识涌现。借鉴 Gilsing 等（2008）的观点，新知识的创造是探索性过程，专利中出现新知识元素代表这一知识成果进入全新知识领域，扩展现有知识库[259]。结合 Zhang 和 Luo（2020）更为准确地表达专利涵盖知识的做法[260]，以专利分类号的前五位（大组）反映知识元素，将五年时间窗口中未曾出现过的专利大组定义为新知识，将观察年与已有知识库做对比，只要专利包含未曾出现的五位 IPC 代码，即代表该专利为新知识专利。当出现专利中仅包含新的 IPC 大组知识元素或该专利同时包含新、旧大组知识元素的情况，无论出现几个新的 IPC 类别该专利都只计数一次。

2. 解释变量

解释变量为共生环境。为了分析共生环境对区域创新生态系统知识涌现的影响作用，考虑共生环境与系统的相互作用关系，根据共生环境影响区域创新生态系统有序度的本质，从代谢型共生环境指标、还原型共生环境指标、支持型共生环境指标、压力型共生环境指标四个维度对共生环境综合评价。

3. 控制变量

为了控制其他因素对区域创新生态系统知识涌现的影响，参考学者们的研究，从政府干预程度、金融发展规模、人力资本和经济发展水平作为控制变量。政府干预通过财政补贴等方式支持和引领创新主体间知识的流动；金融发展规模为区域创新生态系统知识创新提供金融资本；人力资本水平直接影响知识的交流及创造；经济发展水平为区域创新生态系统的知识涌现提供了必要的资源，激发了知识创新的需求。政府干预程度用政府财政支出占地区 GDP 的比例表示；金融发展规模用金融业增加值占地区 GDP 的比重表示；人力资本用省际加权人均受教育年限衡量；经济发展水平用人均GDP 表示。

（二）模型构建

1. 面板线性回归模型

为了分析共生环境对区域创新生态系统知识涌现的影响，构建面板线性回归模型，如式（3-8）所示：

$$Emergence_{it} = \beta_0 + \beta_1 ENV_{i(t-1)} + \beta_j \sum Controls_{it} + \varepsilon_i \qquad (3-8)$$

其中，$Emergence$ 表示区域创新生态系统知识涌现，解释变量 $ENV_{i(t-1)}$ 表示区域创新生态系统的共生环境，已有研究认为环境规制对创新存在滞后作用[261]、知识产权保护水平的作用反映到创新上需要一定的时间[264]，共生环境对知识涌现的影响存在时间滞后性，因此本书将共生环境取滞后 1 期的数据纳入回归模型，这一方法同时还能减少模型可能存在的内生性问题，$\sum Controls_{it}$ 表示所有的控制变量，ε_i 为随机误差项，解释变量的系数用 β_i 表示，i 为个体变量，t 为时间变量。

为了确定共生环境是否能促进区域创新生态系统知识涌现的提升，根据被解释变量数据过离散的特征，使用普通的 OLS 回归方式会产生偏差，采用负二项回归进行面板数据模型的估计，它克服了泊松回归均值方差相等的缺陷。

2. 面板门槛回归模型

由于我国区域创新生态系统共生环境的差异较大，区域分化严重，共生环境差异的存在导致其对知识涌现的影响不同，为了进一步研究共生环境对区域创新生态系统知识涌现是否存在非线性效应，采用 Hansen 面板门槛回归模型进行估计[263]。门槛回归模型能根据变量数据的客观特点将样本数据划分为若干子样本，在不同门槛区间的样本中分别得到回归拟合结果。根据门槛回归模型的优势，采用门槛回归模型检验共生环境对区域创新生态系统知识涌现的门槛效应，了解不同水平的共生环境对区域创新生态系统知识涌现的差异化影响，为制定共生环境协调发展策略提供有利参考。以共生环境为门槛变量的单一门槛面板回归模型，具体模型如式（3-9）所示。

$$Emergence_{it} = b_0 + b_1 ENV_{i(t-1)} I(q \le r) + b_2 ENV_{i(t-1)} I(q > r) + b_j \sum Controls_{it} +$$
$$\mu_i + \nu_t + \varepsilon_i \tag{3-9}$$

其中，i 表示地区，t 表示年份，$Emergence$ 表示被解释变量，$ENV_{i(t-1)}$ 为解释变量共生环境；q 为门槛变量，即共生环境；r 表示对应的门槛值；μ_{it} 为个体固定，ν_{it} 为时间固定；ε_{it} 为随机误差项；$I(*)$ 为指示函数，满足条件时 $I(*)$ 取 1，不满足条件时为 0，式（3-9）可描述成以下分段函数：

$$Emergence_{it} = \begin{cases} b_0 + b_1 ENV_{i(t-1)} + b_j \sum Controls_{it} + \mu_i + \nu_t + \varepsilon_i, & q_{it} \le r \\ b_0 + b_2 ENV_{i(t-1)} + b_j \sum Controls_{it} + \mu_i + \nu_t + \varepsilon_i, & q_{it} > r \end{cases}$$
$$\tag{3-10}$$

四、区域创新生态系统共生环境对知识涌现影响的实证研究

（一）描述性分析及共线性检验

对被解释变量、解释变量和控制变量进行描述性统计分析，表 3.4 展示

了各变量的平均值、标准差、最大值、最小值以及样本数，较为全面地反映了变量的统计特征。

表 3.4　变量描述性统计

变量	平均值	标准差	最大值	最小值	样本数
Emergence	350.685	241.695	3191	20	180
Env	0.168	0.104	0.697	0.067	180
Gov	0.243	0.101	0.628	0.096	180
Fin	3.107	1.134	7.901	1.522	180
pGDP	50522.181	26414.197	164220	10309	180
Hucap	9.089	0.923	12.681	6.766	180

从区域创新生态系统的知识涌现指标来看，区域的平均知识涌现为350.685，最小值为20，最大值为3191，最大值与最小值差距很大，知识涌现呈现出十分明显的差异性特征。共生环境的均值为0.168，最小值为0.067，最大值为0.697，共生环境差距明显，结合共生环境的实际数据发现，最小值出现在2014年的青海省，最大值出现在2019年的广东省。控制变量也与共生环境有相似的数据特征。

在回归之前有必要对各变量进行相关性分析以确保后续回归分析有意义，相关性分析结果如表3.5所示。根据各变量的相关性分析可知，共生环境（Env）、政府干预程度（Gov）、金融发展规模（Fin）、人力资本（Hucap）和经济发展水平（pGDP）之间基本存在明显的相关关系，且相关系数最大为0.788，不超过0.8，可进行后续的回归分析。

表 3.5　相关性分析

变量	Emergence	Env	Fin	Gov	Hucap	pGDP
Emergence	1					
Env	0.460***	1				
Fin	0.134***	0.038	1			

续表

变量	Emergence	Env	Fin	Gov	Hucap	pGDP
Gov	−0.398***	−0.584***	0.250***	1		
Hucap	0.300***	0.284***	0.595***	−0.332***	1	
pGDP	0.377***	0.588***	0.518***	−0.328***	0.788***	1

注：***表示通过1%水平的显著性。

为保证模型估计的准确性，要保证变量之间不存在共线性问题，检验模型的方差膨胀因子（VIF），观察多重共线性的严重程度，所有解释变量的方差膨胀因子如表3.6所示。经检验所有研究模型的 VIF 值均低于5，最大值为3.96，平均值为3.20，不存在严重的共线性问题，不会出现无法有效估计变量间关系的问题。

表3.6 方差膨胀因子

变量	VIF	1/VIF
Hucap	3.96	0.252543
pGDP	3.80	0.262904
Gov	2.98	0.335071
Fin	2.98	0.335768
Env	2.26	0.441937
MeanVIF	3.20	

（二）基础模型回归结果

在进行 Hausman 检验和时间虚拟变量的联合显著性检验后，采用时间、个体双向固定的固定效应负二项回归模型来系统研究共生环境对区域创新生态系统知识涌现的影响，控制了不随时间变化的区域创新生态系统个体异质性和不随区域变化的时间异质性。

负二项回归结果如表3.7所示。仅当共生环境对知识涌现回归时，共生环境的系数为 3.195，在 10% 的显著性水平下为正值，这说明共生环境对区域创新生态系统知识涌现的贡献为正，显著促进知识涌现的增加。当进一步考虑政府、金融机构、人力资本、经济发展水平因素后，共生环境的估计系数为 6.073，且在 1% 的显著性水平下为正，可见，控制其他变量，共生环境对区域创新生态系统知识涌现的促进作用一直存在，好的共生环境为知识的流动、共享和重组创造了基本条件，促进了知识涌现。

表 3.7　基准回归结果

变量	模型（1）Emergence	模型（2）Emergence	模型（3）Emergence	模型（4）Emergence	模型（5）Emergence
Env	3.195*	4.938***	4.568***	4.666***	6.073***
	(1.724)	(6.658)	(4.790)	(4.839)	(8.445)
Hucap		−0.477***	−0.287***	−0.213**	−0.171*
		(−6.881)	(−3.079)	(−2.148)	(−1.665)
Fin			−0.252***	−0.335***	−0.345***
			(−3.709)	(−3.995)	(−4.019)
Gov				0.168*	0.091
				(1.689)	(0.854)
pGDP					−0.262**
					(−2.516)
_cons	1.587***	1.723***	1.846***	1.839***	1.707***
	(5.619)	(10.774)	(10.531)	(10.265)	(10.762)
个体固定	是	是	是	是	是
年份固定	是	是	是	是	是
Loglikelihood	−873.02141	−848.91496	−842.07996	−840.70539	−837.67964
N	180	180	180	180	180

注：***、** 和 * 分别表示通过 1%、5% 和 10% 水平的显著性。

通过改变回归方式进行稳健性检验。将被解释变量知识涌现取对数处理，这种方法能保持原始数据的相对大小，在此基础上采用普通面板回归模型验证共生环境与区域创新生态系统知识涌现的关系，同样控制时间固定效应和个体固定效应，稳健性检验结果如表 3.8 所示，对比稳健性检验结果与基准回归结果可见，无论是采取普通面板固定效应模型还是面板负二项固定效应模型，在控制多个控制变量以后，共生环境对区域创新生态系统知识涌现的影响均保持为显著的正向作用，改变回归方式不会改变估计结果，共生环境的促进作用稳健存在。

表 3.8　稳健性检验结果

变量	模型（1）lnEmergence	模型（2）lnEmergence	模型（3）lnEmergence	模型（4）lnEmergence	模型（5）lnEmergence
Env	4.104***	3.468***	3.440***	3.550***	2.240***
	(5.054)	(4.160)	(4.123)	(4.281)	(2.615)
Fin		−0.224**	−0.168	−0.143	0.049
		(−2.587)	(−1.597)	(−1.367)	(0.442)
Gov			−0.132	−0.155	0.068
			(−0.935)	(−1.104)	(0.466)
Hucap				0.268*	0.216
				(1.876)	(1.578)
pGDP					0.480***
					(3.941)
_cons	4.780***	4.847***	4.851***	4.829***	5.031***
	(38.137)	(38.578)	(38.572)	(38.580)	(38.792)
个体固定	是	是	是	是	是
年份固定	是	是	是	是	是
N	180	180	180	180	180

注：***表示通过 1%水平的显著性。

（三）面板门槛模型回归结果

为了检验共生环境与区域创新生态系统知识涌现之间是否存在非线性关系，采用 Hansen 面板门槛回归模型估计解释变量参数。检验模型是否存在单一门槛效应，即共生环境的影响是否存在一个突变。设置自抽样次数为 300次，共生环境的单门槛和双门槛估计结果如表 3.9 所示。经检验，共生环境的单门槛效应 P 值为 0.0600，通过 10% 的显著性检验，显著拒绝不存在门槛值的原假设；共生环境的双门槛效应 P 值为 0.3633，大于 0.1，未通过显著性检验，说明区域创新生态系统共生环境对知识涌现存在单门槛效应，可以认为共生环境对区域创新生态系统知识涌现的影响存在非线性特征，并以单门槛进行进一步分析。

表 3.9　门槛效应显著性检验

模型	F 值	P 值	BS 次数	临界值		
				10%	5%	1%
单门槛	19.37	0.0600	300	17.5488	21.0464	35.1561
双门槛	11.62	0.3633	300	27.2140	35.7428	47.4048

根据 Hansen 门槛理论，单门槛的门槛估计值为 0.0712，且门槛值在95% 置信区间［0.0673，0.0737］内，可根据门槛值将原始数据划分为低水平共生环境（Env≤0.0712）和高水平共生环境（Env>0.0712）两种类型，两类子样本门槛回归结果如表 3.10 所示。在低于门槛值的样本组，共生环境的系数为负，且通过了 5% 的显著性检验，而在高于门槛值的子样本组中，共生环境的系数为正，且通过 1% 的显著性水平。实证结果表明，共生环境区域创新生态系统知识涌现存在显著的门槛效应，共生环境在超过门槛值时才显著地促进区域创新生态系统知识涌现，共生环境越好，知识涌现越多。

表 3.10　非线性单一门槛回归结果

变量	估计参数	T 值	［95%conf.］	［interval］
Env≤0.0712	-9.064 ***	-3.213	-14.64121	-3.48776
Env>0.0712	1.761 *	1.926	-0.046095	3.568166
Gov	0.245	1.649	-0.048634	0.538466
Fin	-0.006	-0.065	-0.195368	0.182875

续表

变量	估计参数	T 值	［95%conf.］	［interval］
Hucap	−0.039	−0.279	−0.312990	0.235567
pGDP	0.430***	4.499	0.240943	0.618479
_cons	5.308***	39.86	5.044943	5.571391

注：***和*分别表示通过1%和10%水平的显著性。

为进一步检验单门槛估计值的真实性，绘制面板门槛效应的 LR 图，LR 图可显示门槛值对应的似然比统计量和临界值，共生环境的门槛估计值检验如图 3.1 所示，图中虚线代表 7.35 临界值。图 3.1 的最低点对应的是门槛估计值 0.0712，其对应值小于 7.35 临界值，图形与临界值存在两个交点，说明门槛值显著存在；交点区间是置信区间 ［0.0673，0.0737］，说明门槛值在置信区间内，可认为共生环境单门槛估计值通过了真实值检验，门槛估计值与真实值是相等的。

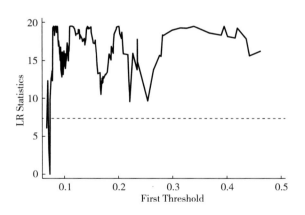

图 3.1　门槛模型的似然比函数

从结果可以看出，仅有极少数年份的区域创新生态系统环境没有对知识涌现产生促进作用，而是产生负向影响，这种情况具体出现在青海和宁夏这两个区域创新生态系统。经分析，区域创新生态系统共生环境提升的原因是由于内部还原型指标较大的权重导致的。这意味着忽略内部代谢型、压力型共生环境的控制和外部支持型环境的提高，仅由内部还原型共生环境带来的共生环境提升会使得区域的共生环境的发展不均衡，使共生环境的改善得不到有效的利用；对于区域创新能力低下的地区来说，知识创新更加依赖于地区的已有资源，还原型共生环境的改善挤占了创新资源，知识的流动和共享难以得到支持，使区域创新生态系统知识重组和创造知识的能力降低，导致知识涌现受阻。

五、本章小结

本章首先根据耗散结构理论及熵理论分析了共生环境造成的区域创新生态系统熵变，构建了包含代谢型、还原型、压力型和支持型四种类型的指标体系，根据 2013～2019 年的指标数据计算了区域创新生态系统共生环境的评价得分，并进一步对共生环境基本情况进行了分析。其次以区域创新生态系统知识涌现为被解释变量，共生环境为解释变量，探究二者之间的关系，为后续相关研究奠定基础。最后运用面板数据负二项回归分析了共生环境与区域创新生态系统知识涌现的线性关系，并采用面板门槛回归技术研究了二者之间的非线性关系。实证结果表明，区域创新生态系统共生环境整体对知识涌现存在显著的正向影响，在极少数省份中表现出共生环境负向影响知识涌现的异质性特征。

第四章

区域创新生态系统共生关系对知识涌现的影响研究

知识涌现是复杂系统的突出特性，是突破关键核心技术，创造科技创新前沿领域支撑产品，保障我国创新发展自主性和稳定性的前提。当前我国已在多领域实现重要知识突破，彰显出创新生态系统的整体涌现性。在知识涌现过程中，创新主体的参与至关重要，各个部分相互作用形成一个整体，能发挥出单独主体所不具备的能力，在相互作用中产生知识创新。在共生理论的分析框架中，区域创新生态系统中企业、高校、科研机构、政府、金融机构是不同的种群，是异类共生单元。共生单元之间关系紧密，相互依赖，彼此之间以非线性的方式相互作用形成的多种共生关系是知识创新主体获得投融资并实现知识产出的重要保障。为加快前沿技术研发与应用，迫切需要对知识涌现形成规律进行总结，剖析创新主体共生关系与知识涌现的影响机理，以期提升区域创新生态系统知识的数量和质量，促进知识涌现，助力创新驱动发展战略。基于此，将视线聚焦在创新主体的共生关系上，将共生关系作为知识涌现的重要影响因素，将能体现共生单元相互作用的 Lotka-Volterra 模型融入系统动力学中进行仿真分析，深入研究共生关系改变对知识涌现的动态影响，揭示知识涌现的内在机理。

一、区域创新生态系统共生关系对知识涌现影响的理论分析

在区域创新生态系统的知识涌现中，创新主体发挥着重要作用：一是实现知识创新，其中包括知识的转移和共享；二是提供创新的金融支持，包括政府、金融机构和企业的投融资。故本书将区域创新生态系统划分为知识创新子系统和创新金融子系统，知识涌现产生于两个子系统的良性循环中，子

系统主体的共生关系尤为重要。其中，知识创新子系统包括企业、大学和科研机构两类知识创新主体[264]，企业是引领先进知识和知识扩散的源头，而大学及科研机构是基础研究知识和应用科学研究知识的机构，二者各有所长，但又相互依存，企业与大学及科研机构形成共生关系，实现了知识的流动和转移，有助于缩小知识距离，为知识创新主体带来新思路，由此，区域创新生态系统的知识库得以升级，涌现出新的知识，实现知识涌现。就我国当前的创新投入来源来说，企业除了是区域创新生态系统的研发主体，也是投资主体。借鉴王宏起和徐玉莲（2012）的研究[265]，本书认为创新金融子系统是由政府、企业、金融机构三大创新金融主体组成的体系，是企业、大学和科研机构知识创新主体的资金支持来源，为实现知识涌现的总目标提供了资本供给、创新激励等方面的重要作用。由于创新金融资源的有限性，政府、企业、金融机构之间的资本支持形成竞合关系。

（一）知识创新主体共生关系对知识涌现的影响

知识资源对于助力区域创新生态系统知识涌现起着重要的作用，企业、大学和科研机构通常拥有不同的知识基础。由于企业面临复杂的市场竞争，需要及时根据市场变化调整研发策略，并以获得经济收益为主要的目标，侧重于开辟新的应用方式以实现企业的可持续发展。大学和科研机构学科齐全，高素质人才多，研发人员比例高，知识创新优势十分明显，大学和科研机构的功能定位相似，二者可视为一个整体，称为学研机构。它们面临的更多的是科研项目、创新专项课题，侧重基础研究和理论发展，并能在重点领域服务国家重大科技需求，填补国内的知识研发空白。企业、大学和科研机构在科研队伍、创新动力及功能定位等方面均存在明显的差异，导致各自拥有的知识广度、知识深度有很大不同。企业在面临研发风险时，会寻求大学及科研机构设备、人员及知识等资源的帮助，为企业分担研发风险，解决技术难题[266]。大学及科研机构也能在咨询服务中了解行业发展的现状，以及社会发展对知识的需求。企业、大学及科研机构互动交流平台的搭建，为企业、大学及科研机构知识研发主体提供了更多知识交流及知识转移的渠道，知识创新主体逐渐建立了复杂的正式及非正式的联系。由于两种知识创新主体知识基础存在显著差异，且知识具有明显的溢出特征，无论是引用已发表的论文、授权的专利等知识成果中的显性知识，还是在日常的人员交往和人才流动中蕴含的隐性知识，都在知识创新主体间形成了有效的扩散和转移。区域创新生态系统的知识创新主体在相互依存及相互作用中形成共生关系，完成知识转移，有效增加各自的知识存量。由于各省的产业结构不同，创新环境不同，知识创新主体知识资源有所差异，各区域创新生态系统知识创新主体之间表现出了不同的共生关系，共生关系直接影响知识创新主体的知识存量，进而影响知识涌现。

（二）创新金融主体共生关系对知识涌现的影响

1. 创新金融主体共生关系分析

（1）企业与政府共生关系分析。

1）政府对企业的作用。政府对区域创新生态系统知识创新主体的资助不可小觑。政府作为创新的引导者，通过财政金融手段指引知识创新活动开展的方向，采取现金补贴战略直接对知识创新主体提供资金支持[267]，激发知识创新潜力，推动知识流动，保障产业发展。当知识创新主体耗费大量资金和精力进行基础设施、国家安全、重大科技等方面的研发时，由于知识的外部性，知识不可能被研发者独占，研发主体无法获得创新成果的全部收益，单纯依靠市场无法获得足够的创新投资，存在市场失灵现象，此时政府投资作为纠正市场失灵的手段可补偿研发外部性效应。政府资助知识创新主体创新的初衷就是希望发挥附加效应，激发企业的创新意愿，引导主体增加 R&D 投入。已有研究对政府补助的作用有以下两种观点：一种观点认为政府补助提高了知识创新收益，正向促进公司创新投资，存在"刺激"效应[268]；另一种观点认为政府投资存在"挤出"效应[269,270]，提高市场利率，降低了企业创新投资意愿。各级政府都支配着大量重要资源，政府资助作为创新资源极其重要的组成部分，在不同省份发挥着不同的作用，政府企业存在多种共生关系。

2）企业对政府的作用。在创新政策的指引下，企业高度重视知识创新，加大研发投入力度，在激烈的市场竞争下逐渐形成创新优势，或者根据政策导向带动产业链上中下游企业共同发展。这些做法会正向影响政府投资，政府的投资会以企业的实力、前期获得的成果及取得的荣誉认证作为投资依据。而当该地区市场机制可以发挥作用，企业的经济效益良好，占据主导投资地位时，政府投资会减少调整到最优投资比例，出现"企进政退"趋势[271]。另外，若企业未能根据政策及时调整战略持续进行投资，则不会得到政府的资金支持，例如，企业发展不符合当前绿色发展需求将抑制政府资助。

（2）企业与金融机构共生关系分析。

1）金融机构对企业的作用。由于知识涌现需要研发人员长时间的知识积累，研发投资需要大量资金投入。金融资金是知识创新主体通过金融融资的方式获取的外部资金，一般包括银行贷款、股票和债券，为知识创新主体提供可用于研发的资金。金融机构投资能缓解知识创新主体的融资约束，提升创新意愿，加大内部资金投入。然而这些外部资金的获取和使用会产生贷款服务费、债券和股票发行费及利息等成本，削弱自有资金对研究与发展的投入。

2）企业对金融机构的作用。知识创新周期性较强，且具有高风险性、高失败率，金融机构难以及时获得投资回报。金融机构对企业的投资决策会以企业的创新投入实力为依据，若企业实力雄厚，抗风险能力强，能避免创新失败导致的创新活动中断，则将正向影响金融机构投资。由于存在竞争对手，企业为保证研发私密性，对知识的公开有所选择，尤其是在研发初期，仅向融资机构披露部分创新信息，造成知识创新主体与投资主体之间的信息不对称问题，使投资者对企业的预期收益偏低，影响金融机构的投资决策，抑制金融机构投资，企业内部资金成为主要的研发资金[272]。

（3）政府与金融机构共生关系分析。

1）政府对金融机构的作用。当政府的资金支持和企业内部资金不能完全满足知识创新的资金需求时，为解决融资问题，多元化融资渠道应运而生。金融机构扩宽了知识创新主体的融资渠道，在服务知识创新主体知识涌现方面发挥了重要作用。政府投资和金融机构投资，作为知识创新主体资金来源的两种不同的渠道，相互之间存在影响[268]。政府投资存在认可效应，在成长性产业增加投资，而在衰退产业减少投资，表明推动产业发展的决心和积极信号。通过政府资助能吸引融资机构的资金向政府倾斜的优先发展的创新项目集聚，促进金融机构对企业的贷款投放，提供配套贷款，使知识创新主体获得更多资金支持，从而促进知识涌现。但也存在政府投资并未带动金融机构同步投资的现象，政府大规模的投资使社会资金减少，银行收缩放贷规模，挤出金融机构投资。

2）金融机构对政府的作用。金融对创新的支持作用是一个长期积累的过程[273]，政府和金融机构作为不同的融资渠道，两种资金支持相互影响。金融机构投资增加能降低政府的财政压力，使政府减少投资；或者由于金融投资的增加导致生产活动增加，生产要素供应小于创新需求，生产要素紧缺造成要素价格上涨，直接影响知识创新主体的研发积极性，导致政府退出投资，产生"挤出"效应。另外，也存在金融机构投资增加促进政府投资的现象，在特定项目或计划上金融机构的投资不满足全部的资金要求时，政府会起到担保和支持作用，增加投资。

2. 创新金融主体共生关系对知识涌现的影响

知识创新资金是知识创新的必要条件，无论是先进的生产设备还是研发人员都需要资金的投入。企业向社会提供产品或服务，并以知识创新收益为目标，是营利性组织，其有能力根据市场竞争格局自主选择创新项目投入大量的科研经费，并能及时根据市场信息调整投资方向及投资策略，为知识创新的各个环节提供充分的资金保障，是强化知识创新主体的创新活力的重要投资主体。政府资助是地方政府作用于区域创新的直接投入，通过金融体系的建设和市场开放来提供更多的金融资源和市场机会，政府科技支出在这些地区对区域创新能力提升仍发挥着强劲效力[274]。金融机构投资则是弥补创新资金不足的重要资金来源。不同类型创新金融的投入对创新的作用效果不同[275]，政府、企业及金融机构之间相互作用形成的共生关系直接影响创新金融能否满足知识创新的需求，是知识涌现的前提条件。

二、区域创新生态系统共生关系对知识涌现影响的系统动力学模型

（一）种群 L-V 模型

Lotka-Volterra 模型是共生理论下用微分方程描述种群间相互作用非线性关系的种群竞争模型，是以 Logistic 生长模型为基础发展起来的生物种群数量变化模型。在种群的相互作用下，种群的规模不仅与自身增长率相关，还会受到其他种群数量的影响。该模型较好地描述了种群之间的共生关系及种群扩散规律，逐渐被用于多个领域的研究。吴增源等（2021）从知识开放视角分析企业和用户主体知识交互的演化，论证了 Lotka-Volterra 模型研究不同生态关系对知识涌现影响的可行性[126]。模型适用于多主体的知识转移和扩散。龙跃等（2016）用 Lotka-Volterra 模型分析了产业技术联盟中政府、联盟和成员间形成的知识交互生态关系对知识存量的影响[276]。彭晓芳等（2019）使用 Lotka-Volterra 模型并借助新能源汽车专利数据探讨企业和高校共生关系下的知识转移规律[277]。何向武和周文泳（2018）将此模型用于测算区域高技术产业系统的固定资产投资水平和创新活动水平协同关系[278]。赵黎明和张涵（2015）借此模型探究企业孵化器种群与创业投资种群在创业孵化系统中的种群竞合关系[279]。

在知识创新子系统中，企业、大学和科研机构同时作为知识创新主体，企业和学研机构双方对知识的理解和吸收有所不同，分别具有各自的知识优势。企业拥有更多知识链下游的知识，大学及科研机构从事科研行为的研发人员更多，拥有基础研究优势和科学前沿突破能力。两种群知识存量和知识属性存在差异[280]，知识可在两种群之间流动，相互促进。然而，两种群在获取、吸收和利用外部知识时会争夺知识资源，相互抑制。企业和学研机构

两个知识创新主体之间关系错综复杂，互相影响，企业与学研机构的知识存量变化与Lotka-Volterra模型高度适配。在区域创新生态系统的创新金融子系统中，企业、政府和金融机构是相互依存的，需要三个投资主体的共同投资提供充足的知识创新资金。一方面，投资主体的投资能带动其他投资主体的投资行为产生刺激效应；另一方面，投资主体的过量投入会产生"挤出"效应，削弱其他投资主体的投资。三个投资主体符合多种群混合关系Lotka-Volterra模型的竞争合作特征。创新主体之间密切关联、相互影响的共生关系可借助Lotka-Volterra模型描述，本书分别构建知识创新主体两种群Lotka-Volterra模型和创新金融主体三种群Lotka-Volterra模型，探讨区域创新生态系统主体之间的竞争、合作共生关系，为后续揭示区域创新生态系统主体共生关系对知识涌现的影响做好准备。

（二）基于L-V模型的系统动力学模型

系统动力学是描述系统构成要素动态因果关系及反馈的一种方法，能体现变量之间的线性或非线性因果关系和动态变化，能在要素因果关系中寻找到问题的根源。按照系统动力学方法，明确系统边界，将区域创新生态系统划分为知识创新子系统、创新金融子系统，根据子系统中主体的共生关系构建基于Lotka-Volterra模型的知识涌现系统动力学模型，将共生关系对知识涌现的影响机理直观化，为持续促进区域创新生态系统知识涌现提供参考依据。

1. 因果关系及反馈回路

依据对创新金融子系统主体关系的分析和知识创新子系统主体关系的分析可知：三种投资来源相互之间的共生关系影响企业、高校及科研机构的经费筹集；企业、学研机构的知识存量在知识创新量、知识淘汰量以及二者共生关系的共同作用下变化，共生关系通过双方知识存量的相互作用体现，直接影响双方的知识转移，从而影响企业与学研机构的知识涌现，还通过影响企业和学研机构的知识共享量影响产学研知识涌现。另外，影响知识共享量的还有信任水平、知识产权保护水平和市场化程度，以及知识黏性及知识共享能力。为实现区域创新生态系统的知识涌现，建立创新主体共生关系与知识涌现之间的因果关系图，如图 4.1 所示。

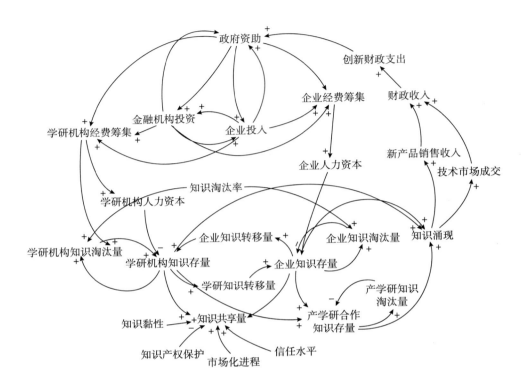

图 4.1 共生关系影响知识涌现的因果关系

共生关系对区域创新生态系统知识涌现的影响中存在多个反馈回路，涉及的反馈回路分为知识存量反馈回路、知识涌现反馈回路、投融资反馈回路 3 类。其中，知识存量回路和投融资回路中的变量存在相互制约的关系，可表现为互利共生、寄生共生或者竞争的共生关系，具体是哪种共生关系，变量之间是正反馈还是负反馈需要通过 Lotka-Volterra 模型识别。

（1）知识存量反馈回路。

路径 1：企业知识存量→学研机构知识创新量→学研机构知识存量→企业知识创新量→企业知识存量

路径 2：学研机构知识存量→企业知识创新量→企业知识存量→学研机

构知识创新量→学研机构知识存量

（2）知识涌现反馈回路。

路径1：知识涌现→技术市场成交额→财政税收→财政收入→财政科技支出→政府资助→金融机构投资/企业投入→企业/学研机构经费筹集→企业/学研机构人力资本→企业/学研机构知识存量→企业/学研机构知识涌现→知识涌现

路径2：知识涌现→技术市场成交额→财政税收→财政收入→财政科技支出→政府资助→金融机构投资/企业投入→企业/学研机构经费筹集→企业/学研机构知识增长量→企业/学研机构知识存量→企业/学研机构知识涌现→知识涌现

路径3：知识涌现→技术市场成交额→财政税收→财政收入→财政科技支出→政府资助→金融机构投资/企业投入→企业/学研机构经费筹集→企业/学研机构知识增长量→企业/学研机构知识存量→知识共享量→产学研合作知识增量→产学研合作知识存量→产学研知识涌现→知识涌现

路径4：知识涌现→技术市场成交额→财政税收→财政收入→财政科技支出→政府资助→金融机构投资/企业投入→企业/学研机构经费筹集→企业/学研机构人力资本→企业/学研机构知识增长量→企业/学研机构知识存量→知识共享量→产学研合作知识增量→产学研合作知识存量→产学研知识涌现→知识涌现

（3）投融资反馈回路。

路径1：政府资助→金融机构投资增长量/企业投入增长量→金融机构投资/企业投入→政府资助增长量→政府资助

路径2：企业投入→政府资助增长量/金融机构投资增长量→政府资助/金融机构投资→企业投入增长量→企业投入

路径3：金融机构投资→政府资助增长量/企业投入增长量→政府资助/企业投入→金融机构投资增长量→金融机构投资

路径4：政府资助→金融机构投资增长量/企业投入增长量→金融机构投资/企业投入→企业投入增长量/金融机构投资增长量→企业投入/金融机构投

资→政府资助增长量→政府资助

路径 5：企业投入→政府资助增长量/金融机构投资增长量→政府资助/金融机构投资→金融机构投资增长量/政府资助增长量→金融机构投资/政府资助→企业投入增长量→企业投入

路径 6：金融机构投资→政府资助增长量/企业投入增长量→政府资助/企业投入→企业投入增长量/政府资助增长量→企业投入/政府资助→金融机构投资增长量→金融机构投资

2. 系统动力学流图

根据因果关系模型，建立相应的共生关系影响区域创新生态系统知识涌现存量流量图，包括 6 个状态变量、9 个流率变量、42 个辅助变量、14 个常量，如图 4.2 所示。

（三）基于 L-V 模型的系统动力学方程

1. 主体共生方程

（1）知识创新主体共生方程。

在知识创新子系统中，用 $x_1(t)$ 表示 t 时刻企业知识存量，$x_2(t)$ 表示 t 时刻大学及科研机构的知识存量，两知识创新主体的自然增长率分别为 r_1 和 r_2，两主体知识存量的增长过程是相互影响的，对共生种群的知识存量起到提高或者抑制作用，具体的作用关系 a_{ij} 可通过分析得知。根据以上分析，两种群 Lotka-Volterra 模型如下：

$$\begin{cases} \dfrac{dx_1}{dt}=r_1x_1(t)\left(1-\dfrac{x_1(t)}{N_1}+a_{12}\dfrac{x_2(t)}{N_4}\right) \\ \dfrac{dx_2}{dt}=r_2x_2(t)\left(1-\dfrac{x_2(t)}{N_2}+a_{21}\dfrac{x_1(t)}{N_2}\right) \end{cases} \quad (t=1,\ 2,\ \cdots,\ n) \quad (4-1)$$

在区域创新生态系统中，企业和学研机构的知识存量也并非只受对方的影响，还会受到经费筹集和人力资本的影响，设 t 时刻企业经费筹集为 $y_2(t)$，学研机构经费筹集为 $y_3(t)$，企业人力资本为 $z_1(t)$，学研机构人力资本为 $z_2(t)$。企业经费筹集和企业人力资本对企业知识存量的影响为

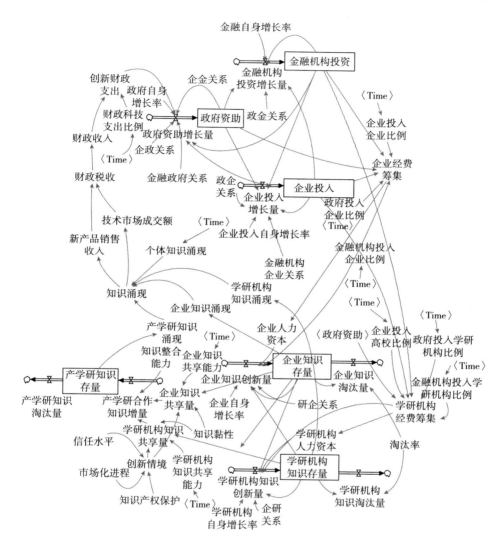

图 4.2 共生关系影响区域创新生态系统知识涌现存量流量

$b_{12}x_1(t)y_2(t)$ 和 $c_{11}x_1(t)z_1(t)$，学研机构经费筹集和学研机构人力资本对学研机构知识存量的影响为 $b_{23}x_2(t)y_3(t)$ 和 $c_{22}x_2(t)z_2(t)$。式（4-1）可改写为被开发的种群相互作用模型：

$$\begin{cases} \dfrac{\mathrm{d}x_1}{\mathrm{d}t} = a_{10}x_1(t) + a_{11}x_1^2(t) + a_{12}x_1(t)x_2(t) + b_{12}x_1(t)y_2(t) + c_{11}x_1(t)z_1(t) \\ \dfrac{\mathrm{d}x_2}{\mathrm{d}t} = a_{20}x_2(t) + a_{22}x_2^2(t) + a_{21}x_1(t)x_2(t) + b_{23}x_2(t)y_3(t) + c_{22}x_2(t)z_2(t) \end{cases} \quad (4\text{-}2)$$

以 $x_i(t+1) - x_i$ 作为 $\dfrac{\mathrm{d}x_i}{\mathrm{d}t}$ 的近似值，上述模型可写为如下形式：

$$\begin{cases} x_1(t+1) - x_1(t) = a_{10}x_1(t) + a_{11}x_1^2(t) + a_{12}x_1(t)x_2(t) + b_{12}x_1(t)y_2(t) + c_{11}x_1(t)z_1(t) \\ x_2(t+1) - x_2(t) = a_{20}x_2(t) + a_{22}x_2^2(t) + a_{21}x_1(t)x_2(t) + b_{23}x_2(t)y_3(t) + c_{22}x_2(t)z_2(t) \end{cases}$$

$$(4\text{-}3)$$

其中，种群两两之间的相互作用系数为 a_{ij}（i，$j=1$，2，3，$i \neq j$），表示种群 j 对种群 i 的作用。a_{ij} 的数值正负反映种群间的共生关系，$a_{ij} > 0$ 为促进作用，$a_{ij} < 0$ 为抑制作用。$a_{ij} > 0$ 且 $a_{ji} < 0$ 表示种群 j 对种群 i 有促进作用，而种群 i 对种群 j 有抑制作用，二者呈寄生共生关系。$a_{ij} > 0$ 且 $a_{ji} > 0$ 表示种群双方促进对方增长，二者为互利共生关系，$a_{ji} < 0$ 且 $a_{ji} < 0$ 表示种群双方互相抑制，表现为竞争关系。

在参数估计方面，模型中主体的自身增长率，企业、政府、金融机构三者两两之间的作用系数和企业与学研机构之间的作用系数可基于统计数据，利用非线性最小二乘法拟合 Lotka-Volterra 模型方程得出，即可根据 a_{ij} 数值的正负识别主体的共生关系。

（2）创新金融主体共生方程。

在创新金融子系统中，设 t 时刻政府、企业、金融机构的投资为 $x_3(t)$，$x_4(t)$，$x_5(t)$，在没有其他投资主体存在时，三种群的自然增长率分别为 r_3，r_4 和 r_5，由于受到市场资源有限的约束不能无限制发展，三种群成长极限规模分别为 N_3，N_4 和 N_5，种群生长情况遵循 Logistic 模型规律：

$$\frac{\mathrm{d}x_i(t)}{\mathrm{d}t} = r_i x_i \left(1 - \frac{x_i}{N_i}\right) \quad (4\text{-}4)$$

若创新金融子系统三种群相互作用自然发展，则对政府、企业、金融机构其中任何一个种群来说，其他两种群的发展对自身的发展起到促进或者抑制作用，在 Logistic 模型基础上构建三种群 Lotka-Volterra 模型，三者的生长方程如式（4-5）所示：

$$\begin{cases} \dfrac{dx_3}{dt}=r_3x_3(t)\left(1-\dfrac{x_3(t)}{N_3}+a_{34}\dfrac{x_4(t)}{N_3}+a_{35}\dfrac{x_5(t)}{N_3}\right) \\[3mm] \dfrac{dx_4}{dt}=r_4x_4(t)\left(1-\dfrac{x_4(t)}{N_4}+a_{43}\dfrac{x_3(t)}{N_4}+a_{45}\dfrac{x_5(t)}{N_4}\right) \quad (t=1,2,\cdots,n) \quad (4-5) \\[3mm] \dfrac{dx_5}{dt}=r_5x_5(t)\left(1-\dfrac{x_5(t)}{N_5}+a_{53}\dfrac{x_3(t)}{N_5}+a_{54}\dfrac{x_4(t)}{N_5}\right) \end{cases}$$

实际情况中，政府资助除了受到其他两种群的作用，还会受到创新财政支出的影响，设 t 时刻创新财政支出为 $y_3(t)$，对政府资助的影响为 $b_{33}x_3(t)y_3(t)$，式（4-5）可改写为被开发的种群相互作用模型：

$$\begin{cases} \dfrac{dx_3}{dt}=a_{30}x_3(t)+a_{33}x_3^2(t)+a_{34}x_3(t)x_4(t)+a_{35}x_3(t)x_3(t)+b_{33}x_3(t)y_3(t) \\[3mm] \dfrac{dx_4}{dt}=a_{40}x_4(t)+a_{44}x_4^2(t)+a_{43}x_4(t)x_3(t)+a_{45}x_4(t)x_5(t) \quad (t=1,2,\cdots,n) \\[3mm] \dfrac{dx_3}{dt}=a_{50}x_5(t)+a_{55}x_5^2(t)+a_{53}x_4(t)x_5(t)+a_{54}x_4(t)x_5(t) \end{cases}$$

$$(4-6)$$

为解决时间序列样本数据的非线性关系模型，以 $x_i(t+1)-x_i$ 作为 $\dfrac{dx_i}{dt}$ 的近似值，上述模型可写为如下形式：

$$\begin{cases} x_3(t+1)-x_3(t)=a_{30}x_3(t)+a_{33}x_3^2(t)+a_{34}x_3(t)x_4(t)+a_{35}x_3(t)x_3(t)+b_{33}x_3(t)y_3(t) \\[3mm] x_4(t+1)-x_4(t)=a_{40}x_4(t)+a_{44}x_4^2(t)+a_{43}x_4(t)x_3(t)+a_{45}x_4(t)x_5(t) \quad (t=1,2,\cdots,n) \\[3mm] x_5(t+1)-x_5(t)=a_{50}x_5(t)+a_{55}x_5^2(t)+a_{53}x_4(t)x_5(t)+a_{54}x_4(t)x_5(t) \end{cases}$$

$$(4-7)$$

2. 其他主要方程

用数学函数表示系统内部变量间的因果关系，为保证模型贴合实际数据，使用实际数据拟合变量之间的因果关系，在变量之间出现非线性关系时使用表函数通过列表表达函数关系，并采用定量变量和定性变量相结合的方式构建系统动力学方程。以某省区域创新生态系统为例设置方程，主要方程及解释见表4.1，其他样本区域创新生态系统的主要方程与之类同。

表 4.1　主要方程

	方程式	方程解释
	企业知识创新量＝企业知识增长率＊企业知识存量－4.09-05＊企业知识存量＊企业知识存量+研企关系＊企业知识存量＊学研机构知识存量-0.0052928＊企业经费筹集＊企业知识存量+2.88e-05＊企业人力资本＊企业知识存量	企业知识创新量取决于企业自身增长率、自身增长的限制、学研机构对企业知识创新的影响及企业经费和人力资本对企业知识创新的支持
	学研机构知识创新量＝学研机构知识增长率＊学研机构知识存量-4.64e-06＊学研机构知识存量＊学研机构知识存量+0.00697471＊学研机构经费筹集＊学研机构知识存量+企研关系＊企业知识存量＊学研机构知识存量-2.18e-05＊学研机构人力资本＊学研机构知识存量	学研机构知识创新量取决于学研机构自身增长率、自身增长的限制、企业对学研机构知识创新的影响及学研机构经费和人力资本对学研机构知识创新的支持
知识创新子系统	企业知识存量＝INTEG（企业知识创新量-企业知识淘汰量，3663）	企业知识存量是状态变量，初始值为3663，其中，知识淘汰量由知识存量和知识淘汰率的乘积计算得出，知识淘汰率＝0.125
	学研机构知识存量＝INTEG（学研机构知识创新量-学研机构知识淘汰量，2913）	学研机构知识存量是状态变量，初始值为2913
	产学研知识存量＝INTEG（产学研合作知识增量-产学研淘汰量，533）	产学研知识存量是状态变量，初始值为533
	企业/学研知识共享量＝企业/学研知识存量＊创新情境＊（1-知识黏性）＊企业/学研知识共享能力	知识共享量由知识存量、创新情境、知识黏性及知识共享能力共同决定
	创新情境＝信任水平＊市场化进程＊知识产权保护	信用水平采用张维迎和柯荣柱（2002）提供的地区信任数据，信任水平＝0.017；市场化进程采用《中国分省份市场化指数报告》的市场化指数得分，市场化进程＝11.4；知识产权保护用樊纲提出的知识产权保护指数来衡量，知识产权保护指数＝0.8324

续表

	方程式	方程解释
知识创新子系统	产学研合作知识增量＝（企业知识共享量＋学研机构知识共享量）＊知识整合能力	产学研合作知识增量由知识共享量和知识整合能力共同决定
	企业知识涌现＝0.0367928＊企业知识存量－1.12e－06＊企业知识存量＊企业知识存量	企业知识涌现是企业知识存量的函数，呈倒"U"形
	学研机构知识涌现＝0.0307844＊学研机构知识存量－1.51e－06＊学研机构知识存量＊学研机构知识存量	学研机构知识涌现是学研机构知识存量的函数，呈倒"U"形
	产学研知识涌现＝0.0203264＊产学研知识存量－6.65e－06＊产学研知识存量＊产学研知识存量	产学研知识涌现是产学研知识存量的函数，呈倒"U"形
	个体知识涌现＝WITHLOOKUP（Time，（[[（0，0）-（10，10）]，（2009，38），（2010，33），（2011，34），（2012，46），（2013，31），（2014，28），（2015，37），（2016，28），（2017，29），（2018，23），（2019，16））））	个体知识涌现是个人创造的知识涌现，用实际数据的表函数表示
	知识涌现＝产学研知识涌现＋企业知识涌现＋学研机构知识涌现＋个体知识涌现	企业知识涌现、学研机构知识涌现、个体知识涌现和产学研知识涌现是知识涌现的四个来源
创新金融子系统	企业投入年增长＝企业自身增长率＊企业投入－0.0026137＊企业投入＊企业投入＋政企关系＊政府资助＊企业投入＋金融机构企业关系＊金融机构投资量＊企业投入	企业投入年增长取决于企业自身增长率、自身增长的限制、政府对企业投入影响及政府对企业投入影响
	政府资助年增长＝政府自身增长率＊政府资助－0.0122112＊政府资助＊政府资助＋企政关系＊企业投入＊政府资助＋金融政府关系＊金融机构投资量＊政府资助＋创新财政支出＊0.0079877＊政府资助	政府资助年增长取决于政府资助投入自身增长率、自身增长的限制、企业对政府投入影响、金融机构投资量对政府资助的影响以及创新财政支出的作用
	金融机构投资年增长＝金融自身增长率＊金融机构投资－9.64e－06＊金融机构投资＊金融机构投资＋政金关系＊金融机构投资＊政府资助＋企金关系＊企业投入＊金融机构投资	金融机构投资年增长取决于金融机构投资自身增长率、自身增长的限制、政府对金融机构投资的影响及企业对金融机构投资的影响

数据主要来源于《中国科技统计年鉴》、《中国统计年鉴》、Wind 数据库、EPS 数据库及 PatSnap 专利数据库。其中，知识涌现以新知识元素的出

现测度，借鉴 Guan 和 Liu（2016）[281] 的研究及张振刚和罗泰晔[282] 以五位 IPC 分类号体现专利涵盖知识的做法，若该专利包含该省 5 年时间窗内未出现过的五位 IPC 分类号，则认为产生了一次知识涌现。

三、本章小结

区域创新生态系统知识涌现是满足区域知识需求的必要条件。考虑知识创新子系统中企业和学研机构之间的相互影响，以及创新金融子系统中企业、政府、金融机构之间的相互作用，基于种群竞争 Lotka-Volterra 模型构建了区域创新生态系统共生关系对知识涌现影响的系统动力学模型。揭示区域创新生态系统知识创新子系统和创新金融子系统中主体共生关系对知识涌现的动态影响机理。通过敏感性分析发现企业和学研机构的共生关系敏感性程度高于创新金融主体的共生关系，企业和学研机构互利共生关系对知识涌现的影响程度最大，最有助于通过知识转移提升知识存量，但各省知识存量与知识涌现存在不同的关系，若区域创新生态系统的知识重组能力有限，即使校企互利也不能保证持续的知识涌现。知识涌现对企业、政府和金融机构之间共生关系的敏感度取决于样本经费筹集、知识存量与知识涌现之间的关系。

第五章

区域创新生态系统共生网络对知识涌现的影响研究

第四章分析了知识创新主体共生关系通过双方的知识转移积累知识基础，区域创新生态系统知识涌现还需要在知识积累的基础上完成知识的合作和共享。本章主要关注由创新基础单元组成的共生单元构成的共生网络对知识涌现的重要作用。广泛的区域内、外部合作情况为本章提供了较好的研究情境，以合作专利数据为基础，构建以区域创新生态系统为研究对象的双层共生网络，利用社会网络分析法，得到区域创新生态系统内部共生网络和外部嵌入共生网络的特征，深入探究区域创新生态系统双层共生网络及其相互作用对知识涌现的影响。

一、区域创新生态系统共生网络研究

（一）区域创新生态系统双层共生网络构建

共生网络是共生主体之间进行直接物质传递通道，是知识共享的渠道，推动着主体间知识的交流。胡晓鹏（2008）认为，在产业共生中共生界面分为内部和外部，内部共生界面如产品标准等业务接触机制，外部共生界面如对话平台等业务主体接触的渠道[199]。付苗等（2013）认为，共生界面包括无形共生界面和有形共生界面[283]，并指出联盟作为共生界面拥有完备的组织结构，形成了创新主体的共生界面。对于区域创新生态系统来说，相互关联的基础共生单元构成的共生网络就是为知识的共享提供渠道的共生界面，区别于广义的共生网络，本书所分析的共生网络仅由构成企业、学研机构种群的个体组成，企业、高校、科研机构承担着该区域的知识创新重任，它们前期通过筛选对方的已有知识和知识创新能力，确定合作对象，在签订合同规定双方的责任、权利和义务，明确合作的内容及方式的保障下完成大量的知识、信息交换，这是知识的充分利用及组合知识的必要条件。网络作为一种高度抽象的表达方式有助于减少其他干扰信息，简单且直观地描述复杂现象、解决复杂问题。以构成共生单元（种群）的企业、大学等基础共生单元抽象表达为节点，基础共生单元之间的合作关系抽象为节点间的连线（边），构成区域创新生态系统的共生网络。共生网络增加了企业、研究机构基础共生单元的交流渠道，提高了知识共享、协同创新的机会，各知识创新基础单元以共生网络为依托，克服自身的知识局限。

新区域经济主义流派注重地理邻近的重要作用，知识具有空间黏性，知识创新活动具有区域根源。本地知识资源的丰富度会增加内部主体的联系，个体之间通过频繁合作可形成复杂的区域创新合作网络，有助于实现知识共享和价值创造[284]，贡献于区域创新生态系统；而关系经济地理学流派则重视区域间的合作创新，认为高效创新源于跨区域合作与本地共同作用。即使区域间可能存在文化距离、制度距离劣势，无论是产业链上下游的分工合作还是知识创新主体间的横向协作均存在跨区域的合作关系，尤其在数字经济、飞地经济等经济形态的迅猛发展和推动中，合作突破了区域创新生态系统的边界，搭建起跨区域的共生网络。每个区域创新生态系统同时作为节点嵌入到国家创新生态系统中。广泛的外部联系能带来有效的外部资源，通过知识的共享互通使区域创新生态系统及时更新已有知识，扩展系统知识的宽度及深度，实现共享研发，这有助于创新知识和科研力量的积累、提高创新速度，一定程度上能弥补内部合作带来的技术锁定[285]，提升区域创新生态系统的综合实力。纵观区域创新生态系统内部基础共生单元的广泛的共生合作特点，内部共生网络和外部嵌入网络均是知识共享、知识创造的重要保障，共生网络的存在增加了知识的通达性，内、外部共生网络二者同时存在，不应割裂开来，有必要探讨区域创新生态系统的双层共生网络对知识涌现的重要作用。

本书将利用合作专利数据，构造我国区域创新生态系统的双层共生网络。专利是衡量新知识的有效方法[286]，可体现知识创新成果，由于专利具备的可靠性使其在当前的学术研究中较为常用。自1984年专利制度建立以来，我国专利数量和质量持续增长，促进着发明创造的推广和传播，推动着科学和经济的发展。专利可分为发明专利、实用新型专利与外观专利三种。其中我国对发明专利的要求是需要发明有实质性的进步，并且要与已有的技术相比有显著的效果，具有克服缺点或者解决实际问题的优势，且由于其知识复杂性，发明专利的审批程序更多、更严格，审查周期更长。可见，发明专利相较于侧重产品构造技术方案的实用新型专利和侧重美感的外观设计专利具有明显的创造性特征，其知识的创新性远高于其他两种类型的专利。因此，本书选取发明专利作为构建区域创新生态系统双层共生网络的重要筛选条件。

通过 Patsnap 全球专利数据库搜索 2009～2019 年中国各区域创新生态系统的合作专利数据，限制专利类型为发明授权专利，并以专利权人数量大于2 为筛选条件，获取合作专利。获取合作专利以后进行专利数据的清洗，由于专利信息并不包括所有专利权人的地址，通过手动查询合作主体地址，得到专利权人的合作信息。由于区域创新生态系统以省际行政边界为划分，基于授权发明专利联合申请主体所属的区域，若所有专利权人均属于某一省份内部，则认为其是省内合作专利；若专利权人位于多个省份，则认定该合作专利为跨区域合作专利。在此基础上，借助社会网络分析工具 Ucinet 将合作关系转换为体现节点之间关系的矩阵形式，分别构建以省域内的企业、大学及研究机构为节点构建的内部共生网络，以及通过内部企业、大学及研究机构的跨区域合作数据形成的外部嵌入共生网络。经统计，专利样本包含我国的 30 个省份（不包括港澳台地区和西藏）共计 42560 个创新主体，将多个主体合作的情况按照两两合作的形式计数，内、外部共计合作 561842 次。

（二）区域创新生态系统双层共生网络分析

知识共享源自于多主体间的合作，随着建立合作关系的基础共生单元的增多，区域创新生态系统的共生网络结构日益复杂，内部共生网络结构不断发生着变化，其嵌入在国家创新生态系统中的地位也随时间的推移发生着改变。已有研究表明，网络结构与知识创新存在一定关系，当网络结构变得更加复杂时，网络中基础共生单元的密切交流得以扩大并加深[287]，有助于知识创新基础单元加速解决更多的实际问题，创造出新颖的知识成果。社会网络分析法是对网络的量化分析工具，目前已被广泛应用在知识创新的研究领域。在本书的研究中，借助社会网络分析法得到区域创新生态系统共生网络的结构特征，掌握双层共生网络的全貌，能揭示我国以省际行政单元为划分的区域创新生态系统内、外部双层共生网络的客观状态。本小节以合作专利为基础构建各省的区域创新生态系统内、外部双层共生网络，借助 Gephi 0.10.1 实现双层共生网络的可视化，并结合 Ucinet 及 Gephi 得到我国 30 个省份创新生态系统各年的内、外部双层共生网络结构特征，为后续章节从共生网络视角探究区域创新生态系统的双层共生网络在知识涌现中的重要作用奠定基础。

1. 内部共生网络分析

区域创新生态系统内部共生网络随着时间的推移在发展过程中不断地产生变化，共生网络的资源和能力随着知识创新基础单元加入或退出合作网络而改变，内部共生网络的规模与结构在每年都会呈现出不同的特点。本书以在 PatSnap 数据库获取到的多主体合作专利数据为样本，按照前文的内部共生网络构建方式得到 2009~2019 年我国 30 个省份创新生态系统的合作矩阵，将矩阵数据导入到 Gephi 0.10.1 中，可绘制出各省内部共生网络图。各区域创新生态系统的内部共生网络特征差异明显，由于篇幅限制本部分选取中国东、中、西、东北部地区中节点数量较多的区域创新生态系统作为代表，仅绘制出 2019 年我国东部的广东省、中部地区的安徽省、西部地区的四川省和东北地区的辽宁省这四个地区的内部共生网络图。

从图 5.1 中可以看出，位于东部地区的广东广泛的内部合作得益于优秀的区位条件和完备的产业体系，此外，该省还拥有优质的人力资源和基础设施，为区域内部合作的信息交流提供了机会和动力。近年来越来越多的知识创新基础单元融入合作网络中，使区域创新生态系统中的内部合作丰富，共生网络高速发展，网络的规模及复杂程度不断扩大，该省的合作关系占全国的 16.13%，丰富的网络结构能有效促进创新要素的集聚，保持较强的创新活力。以当年的共生网络来看，内部共生网络中出现了中山大学、广东工业大

学、清华大学深圳研究院、珠海格力电器股份有限公司、广东电网有限责任
公司等核心主体，其与边缘主体建立了大量的合作。

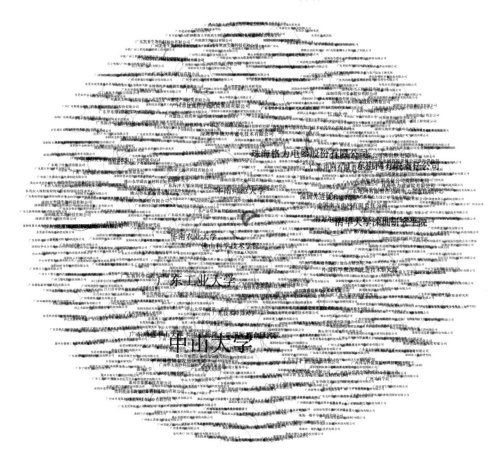

图 5.1 2019 年广东区域创新生态系统内部共生网络

本书选择安徽作为中部地区的代表绘制其区域创新生态系统内部共生网
络，从图 5.2 可见，安徽的内部共生网络相对简单，内部合作情况仅占据全
国的约 1.87%，网络中多数合作关系为单次连接，只有极少数边的权重大于
1，说明相同节点建立多次合作关系较少。合肥工业大学是安徽内部共生网络
中明显的核心主体。

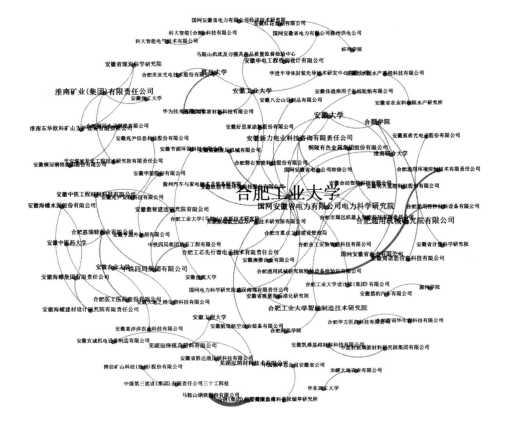

图 5.2 2019 年安徽区域创新生态系统内部共生网络

以西部地区中合作最为广泛的四川为例绘制内部共生网络，如图 5.3 所示。从图 5.3 中可以看出，四川虽然位于我国的西部地区，但是该区域创新生态系统的内部网络呈现出与多数其他西部地区不同的特点，合作规模较大，其节点数量在广东、江苏、北京、上海、浙江和山东之后，内部共生网络发展较好，但与广东的内部共生网络相比差距还是很大。内部共生网络中四川大学与其他企业的合作最多，四川农业大学、西南交通大学、国网四川省电力公司电力科学研究院是内部共生网络中的核心节点。

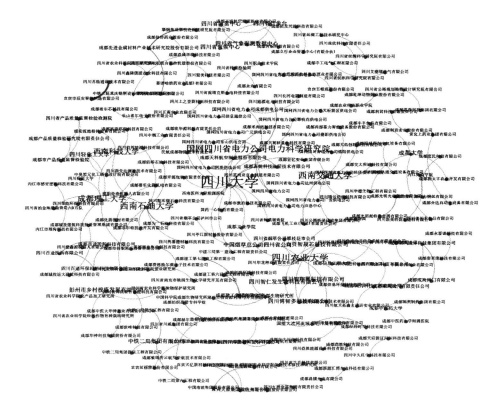

图5.3 2019年四川区域创新生态系统内部共生网络

选择辽宁省作为东北地区的代表，从图5.4辽宁区域创新生态系统内部共生网络来看，内部共生网络规模较小，基础共生单元之间的连接较为简单，从网络结构来看，各基础共生单元的分布较为分散，位于网络核心位置的辽宁工程技术大学也只有少数的合作伙伴数量，整体而言内部共生网络简单。

2. 外部嵌入共生网络分析

区域创新生态系统的外部嵌入共生网络是将各区域创新生态系统作为节点嵌入国家创新生态系统中。由于篇幅限制，本节以清洗后的跨区域合作专利为基础，绘制2010年、2013年、2016年和2019年的跨区域合作的共生网络，以四个时间节点的网络图观察我国30个省份的外部嵌入共生网络的发展情况（见图 5.5）。

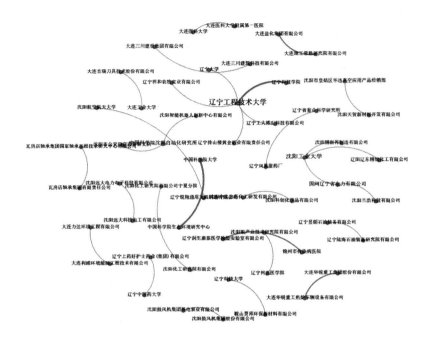

图 5.4　2019 年辽宁区域创新生态系统内部共生网络

　　从图 5.5 可以明显地看出，区域创新生态系统的外部嵌入网络的发展过程中，跨区域合作关系明显增加，各区域创新生态系统的嵌入程度均有明显提升，系统之间的关系结构日趋复杂。例如，宁夏在 2009 年只与 5 个区域产生跨区域合作，随着外部嵌入共生网络的发展，该区域与多个区域形成了有效的连接，实现知识流通。在外部嵌入网络中边的权重也在不断地变化，2009 年湖北和广东的跨区域合作次数明显较多；2013 年广东除了与湖北建立了多次联系，与北京也建立了多次联系，另外北京与上海边的权重也很大；2016 年起区域创新生态系统间边的权重增加明显，北京与广东、上海、四川的合作强度大；2019 年北京与广东的跨区域合作在繁杂的网络中优势明显。

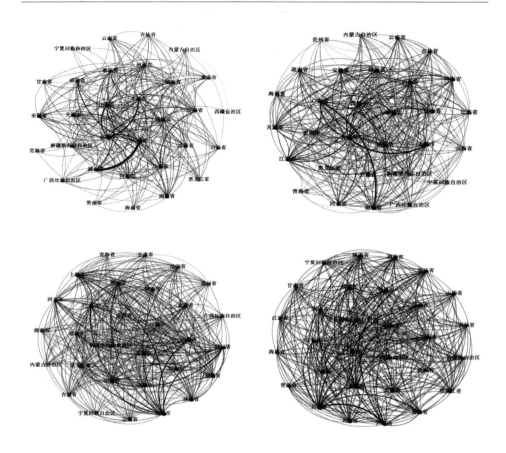

图 5.5 **2010 年、2013 年、2016 年、2019 年区域创新**
生态系统外部嵌入共生网络

3. 双层共生网络特征分析

在生成网络图谱之后，将区域创新生态系统的节点关系数据导入 Gephi 0. 10. 1 和 Ucinet 中，利用这两个社会网络分析软件的运算功能，计算得到各年度每个区域创新生态系统的内部共生网络规模及平均聚类系数，并计算每个区域创新生态系统作为节点时嵌入在全国创新生态系统中的嵌入规模及结构洞指数。依据上述指标明确每个区域创新生态系统内部共生网络的规模和平均每个节点周围的网络紧密程度，以及每个区域创新生态系统外部嵌入共

生网络的规模，并体现其在全国创新生态系统共生网络中占据关键节点位置
的情况。

从表 5.1 可以看出，从我国区域创新生态系统的平均水平来看，内部共
生网络规模和外部嵌入共生规模稳步扩大，由于是我国 30 个省份创新生态系
统的平均水平，网络规模出现小数。11 年间区域创新生态系统的内部共生网
络规模由 135.8519 增长到 838.6，内部共生网络年均增长 17.99%，外部嵌
入共生网络规模由 237.4 增长到 2115.9667，年均增长 22.00%，说明跨区域
合作增长速度更快，区域间逐渐形成了复杂连接。区域创新生态系统的双层
共生网络结构也出现了变化，内部共生网络的平均聚类系数随时间的推移也
有所增加，在 2016 年出现突增后又出现了回落，整体呈波动上升趋势，年均
增长为 2.39%，说明内部共生网络中节点的凝聚力略有上升，节点周围的邻接
节点之间建立连接的可能性逐年增长，但增长趋势较缓。在外部嵌入网络中，
区域创新生态系统的结构洞指数增长明显，由原来的 0.3404 增长到 0.6318，年
均增长 5.78%，说明了在跨区域的复杂连接中，每个区域创新生态系统占据着
更多的结构洞位置，掌握知识和信息资源多样化优势情况逐年增多。

表 5.1　2009～2019 年区域创新生态系统双层共生网络特征

年份	内部共生网络规模	平均聚类系数	外部嵌入共生网络规模	结构洞
2009	135.8519	0.5036	237.4000	0.3404
2010	176.2222	0.5018	302.8667	0.4476
2011	259.0000	0.6015	424.4333	0.5492
2012	375.7241	0.5995	611.4333	0.5890
2013	336.6667	0.5986	675.2333	0.5888
2014	450.8000	0.6216	811.6000	0.6115
2015	660.4667	0.6069	1323.5333	0.6146
2016	1263.6667	0.8517	1534.3667	0.6102
2017	726.5333	0.6648	2150.0667	0.5880
2018	940.7667	0.6383	2437.8667	0.6024
2019	838.6000	0.6531	2115.9667	0.6318

二、区域创新生态系统共生网络对
知识涌现影响的理论分析

（一）内部共生网络对知识涌现的影响

1. 内部共生网络规模与知识涌现

企业、大学、科研机构作为知识创新主体往往在创新系统中处于不同的状态、起着不同的作用[288]，企业直接接触市场，在市场机会的获取及知识成果转化方面有一定优势，不同企业知识库中知识的深度和宽度不同，具有各自的竞争优势。大学和科研机构则具备科研实力，具有基础研究优势。单一知识创新主体仅凭一己之力难以实现多元创新，需要知识创新主体以开放的态度，主动寻找知识异质性主体，与区域内部其他知识主体通过合作、交流等方式促进知识的流动和吸收，优势互换，实现双方知识的互补，追求合作共赢，促进区域创新系统的创新发展[289]。中国背景下的区域创新系统常以各省的行政边界为划分，因各省份是独立的行政区域和经济区域，区域间往往存在行政壁垒。在有一定的地理边界的区域创新生态系统中，区域内部的企业、高校、科研机构作为区域创新生态系统内部主体承担着该区域的创新重任。由于资源整合和风险共担的需求，以及得益于地理的邻近性、数字平台快速发展等因素，知识创新主体的创新基础单元间建立合作，企业与企业、企业与大学、企业与科研机构、大学与科研机构之间频繁的合作关系逐步形成了复杂的以知识创新为目的的区域创新合作网络。已有研究认为多层级协作在知识创造中起着关键作用[290]，合作网络特征会影响知识交流和创造。

资源存在于社会网络之中[291]，可以被个人或群体通过社会关系网络获取。对于整个区域创新系统来说，系统资源取决于每个节点主体拥有的种类丰富的知识，知识创新主体合作网络的规模显得十分重要。区域创新生态系统内部合作规模的大小会对系统的知识涌现产生影响。对于小规模合作的区域创新知识创新主体来说，合作关系建立较少，与合作主体之间的信任程度较低，为了规避合作可能产生的知识溢出往往会对自身掌握的知识有所保留，即使合作会使双方知识水平有所提升，共享的部分知识也并不能促使主体创造出有巨大进步的知识。同时，各知识创新主体知识吸收的能力有巨大差异，区域会存在对知识创新重视程度不够或者缺乏人力资本和物质资本的情况，难以对已获取的知识进行有效的知识重组。对于创新能力有限的知识创新主体来说，处理合作关系有难度，合作成本会超过合作的价值，在每个主体尝试与不同领域的其他主体进行知识交流时会由于知识水平不一致、观念偏差等原因在合作过程中意见不统一，产生不可避免的摩擦，降低知识创新的效率。此时合作规模越大，越会消耗人力资本和时间成本，越难以产生知识涌现。在此阶段中，区域创新生态系统知识涌现会随着规模的增加不断降低。

随着合作规模的持续扩大，知识创新主体升级，此时内部合作规模对知识涌现产生不同的影响。一方面，知识创新主体在合作中逐渐建立信任，有一致的知识创新目标，知识共享程度提升，知识创新主体在直接接触和间接接触中获取新知识[292]。越大的合作规模对于知识创新主体来说，获取所需知识资源的渠道越多[293]，主体间可进行隐性知识交流，推动分享知识的行为[292]。知识在区域创新系统的社会网络中不断传递和整合，知识异质性和多样化程度增加为新知识涌现提供了可能。另一方面，内部合作规模的提升能体现知识创新主体对知识需求的增加，创新难度的提升迫使其建立合作关系[294]，张保仓（2020）在研究中发现，网络规模扩大能使主体获得更多的显性和隐性知识[295]，如产业的发展趋势、前端的信息与资讯，有利于指引知识创新的方向，可见内部合作规模越大，区域创新生态系统越有可能产生知识涌现。根据上述分析，本书提出以下假设：

假设1：内部共生网络规模对知识涌现的影响呈现"U"形关系。

2. 内部共生网络结构与知识涌现

随着社会创新需求的增长和创新平台的搭建，知识创新主体间的合作越发频繁，网络关系为知识创新主体提供了知识交流的机会，根据主体掌握的知识以及知识的互补情况，逐步形成具有局部聚集特征的合作网络。内部创新合作网络结构在区域创新主体获取资源和促进整个区域创新系统的知识涌现中起着重要的作用。区域创新生态系统内部共生网络结构用聚类系数衡量，这里的聚类系数是指区域创新生态系统整体的聚类水平，Watts 和 Strogatz（1998）提出用所有节点的局部聚类系数的平均值表示[296]。节点局部聚类系数是指节点 A 的多个邻接节点之间可能存在合作关系的比例，节点 A 与邻接节点之间形成一个群落，群落中邻接节点间的连接越多，节点局部聚类系数就越高。区域创新生态系统的聚类系数则是网络整体的平均聚类系数的均值，能体现区域创新生态系统的知识创新主体的连接程度和整体凝聚力。

区域创新系统的聚类系数高，说明合作网络中某些节点起着关键的作用，这些企业或者大学及科研机构是产生集群的基础，个别主体占据重要知识的可能性大，围绕关键创新主体的聚集程度提高。紧密的合作增加了主体间知识交流的机会，形成了知识的互通，加快了合作网络中知识的流动速度和知识的准确度[142]，在集群中完成知识的共享和转移，增加了产生知识涌现的机会。在集群中，主体间的联系可以分担创新风险，通过共同合作伙伴获取其他主体的信誉信息，提升集聚主体间的信任程度，有助于区域创新系统内部合作者们进行知识共享及信息交流时隐性知识的转移，在合作中获取多样的知识，促进知识涌现。

但整体网络的聚类系数过高时，对知识涌现不利。部分学者探讨了聚类系数带来的副作用，闫艺和韩军辉（2017）指出，聚类系数过高会造成合作知识的重复和冗余，使集群内部主体的知识趋近同质化[297]，缺乏与其他领域知识融合的机会，使区域创新系统中竞争压力减少，降低了主体知识创新的欲望，从根源上降低了新知识产生的可能性，甚至知识的同质化会使知识创新主体思维禁锢，难以接受新颖的观点，不利于知识涌现。郑向杰（2014）指出，过度的集聚会使企业增加戒备心，为避免核心技术的攫取，企业会主动减少知识交流[298]。另外，知识创新主体之间过多的合作还会增加知识搜寻、沟通谈判、签约和履约成本等交易成本，消耗有限的知识创新资源，在资源有限的情况下，知识创新主体在创新方式上会倾向于选择成本更低的模仿创新而非自主创新，不利于区域创新生态系统的知识涌现。因此，本书提出以下假设：

假设 2：内部共生网络聚类系数与知识涌现之间呈倒"U"形关系。

（二）外部嵌入共生网络对知识涌现的影响

根据 Granovetter 的嵌入性理论，组织及其行为受到社会关系的制约[299]。区域创新系统也并非一个独立的个体。由于各个区域创新系统都有各自的资源禀赋和知识创新优势，非本地知识对于系统而言具有重要作用[219]，与非本地知识的联系能更新本地知识库[300]，增加区域优势[301]。区域创新生态系统中的知识创新主体会突破系统边界，与外部系统合作构建合作网络。因此，创新合作关系不仅存在于区域创新系统内部还存在于系统外部，知识创新主体的合作关系有跨区域特征，以中国背景来说表现为省间合作，使区域创新系统同时嵌入高层级的国家创新系统网络中，形成系统的外部嵌入共生网络[302]。它的经济行为和结果同时受国家创新系统网络结构及利益相关方的影响。因此，有关区域创新系统知识涌现的研究不应该缺少外部嵌入网络维度。嵌入性决定了节点在网络联系中的地位和所能获取知识的数量和质量。每个节点的嵌入特征不同，会使知识涌现效果不同，如果进行知识创新的区域创新系统能在网络中掌握理想的嵌入规模并处于理想位置，即有利于知识涌现。De Noni 等 （2018）[303] 讨论了区域间合作网络密度对落后地区的创新绩效产生积极影响，很少有研究讨论区域创新系统外部嵌入网络与知识涌现之间的关系，这项工作扩展了先前的研究局限在内部网络的单一视角，进一步考察了外部嵌入网络的作用。

1. 外部嵌入网络规模与知识涌现

有研究表明，嵌入规模的提升使系统内部的主体与外部主体建立直接的连接，获取本区域的互补性资源，内外部知识结合机会的增加能促进知识涌现[304]，而本书认为，对区域创新系统来说外部嵌入网络规模并非越大越好。从信任角度来说，合作中需要主体贡献核心知识，由于无法消除信任担忧，为防止机密信息泄露，即使建立了更大规模的合作关系也不会进行足够的知识共享，这会导致合作项目进度缓慢，难以达到预期，只会产出与以往近似的知识成果[305]。另外，嵌入规模过大会使接触到的异质性资源过多，且嵌入外部网络接触到的多为领域前沿的更为复杂的知识，协作双方知识差距大，由于区域创新系统内部主体的能力有限，知识交流障碍较高，难以消化和吸收[306]。而且过度嵌入外部合作网络，会增加合作者搜索成本、寻求合作达成契约产生的沟通成本、议价成本、签约成本及监督成本的交易成本。这些成本占据了过多的系统资源，挤占了用于吸收和整合新知识的人力、资金等资源[229]，使很多有价值的知识无法被利用，影响知识涌现。同时，由于成本过高会降低边际回报，从而降低创新欲望，阻碍知识涌现。从组织惯性角度来说，嵌入规模大表明此时该区域创新系统处于有利地位或有一定声望，为保证既得利益，会保持以往的认知模式，对新知识的接受度低[307]，从而忽视新知识的创造，不利于知识涌现。由此，本书认为外部嵌入网络规模对知识涌现的影响与内部共生网络规模对知识涌现的作用不同，嵌入规模高会抑制知识涌现。提出以下假设：

假设 3：外部嵌入共生网络规模负向影响知识涌现。

2. 外部嵌入共生网络结构与知识涌现

区域创新系统在区域间交互合作中嵌入高层级全国合作网络之中，此时，本书忽视区域创新系统的内部主体位置，关注区域创新系统作为节点时占据位置的重要性。区域创新系统现有的专利知识会影响系统在网络中的位置[308]，占据结构洞位置对该区域的知识涌现起着至关重要的作用。区域创新系统的外部嵌入网络结构以区域在全国网络中占据结构洞的位置衡量，在整个网络中，结构洞是指第三系统位于两个没有直接接触的区域创新系统的中间，根据 Burt（1992）的结构洞理论，占据该位置的系统往往具备资源优势，给系统带来更多价值（Afuah，2013）[309]。社会网络分析方法中，结构洞是非冗余关系的代表，占据丰富的结构洞的区域创新系统可以借助该位置获取更多的是有差异的知识，而不是趋同的知识。若占据结构洞位置的主体与完全没有知识交叉的主体产生联系，结构洞优势则更强，通过非冗余关系获取异质性知识资源，使区域创新生态系统具备探索新市场、开发新产品所需要的资源广度优势。Koka 和 Prescott（2002）指出不同结构位置提供了不同的信息效益[310]，知识、信息等资源在结构洞位置交汇，Guan 和 Liu（2016）认为占据结构洞位置能捕捉创新机会[311]，优先获取信息资源，及时掌握知识缺口并投入研发，有助于知识涌现。同时，由于掌握一定的稀缺资源，产生对知识的控制及支配权力，在合作中具备谈判筹码，降低合作带来的不确定性，且创新资金收回较快，有助于知识创新主体摆脱路径依赖，对掌握的知识深度挖掘并利用，有利于区域创新系统的知识涌现。由此，本书提出以下假设：

假设 4：外部嵌入共生网络结构洞正向影响知识涌现。

（三）内部合作知识基础的调节作用

知识基础理论认为竞争优势来源于知识，企业的知识基础涵盖多种知识的属性，包括知识的宽度、深度、多样性、质量[312] 等。区域创新系统的发展同样离不开知识基础[313]，它是由合作产生的新知识所具备的属性。在互动中建立的关系有助于知识创新基础共生单元增加知识的宽度和深度，影响探索新知识的方向[314]。本书定义内部合作知识基础包括区域创新生态系统内部合作的知识宽度和知识深度。区域创新生态系统外部嵌入共生网络对知识涌现的影响会受到系统内部条件的限制。内部合作知识基础是内部共生网络的知识属性，是区域创新系统内部已有知识情况，能反映内部合作对系统资源的占用情况、对外部嵌入网络的知识需求情况以及区域的知识水平及合作信誉，势必会对外部网络与知识涌现的关系产生影响。内部合作知识基础对知识涌现有重要意义，该调节作用会在外部嵌入共生网络与知识涌现的影响中有所体现。

具体而言，合作知识宽度调节外部嵌入共生网络对知识涌现的影响。合作知识宽度越大，说明区域创新生态系统的研发人员所拥有的知识面越广，多样化的知识元素带来了广阔的视野，创造新知识的难度提升，这也就意味着系统对跨区域获取的知识创新性要求更高，提升了其嵌入在全国网络中获取新知识元素的难度。此外，合作知识宽度越大，越会增加系统跨区域合作全过程的成本，包括对合作者的搜寻成本、监督成本等交易成本，加剧资源挤占，使创新主体用于知识创造的资源少，创新热情低，使知识消化、吸收以及内部创新的成功率降低，不利于知识涌现。即使内部知识宽度增大，能促进与外部合作主体之间的知识交流，有利于新的合作链路的生成，但创造新知识难度的提升和知识创新资源的挤占难以提升外部嵌入规模的有效性，合作知识宽度的增加会加剧外部嵌入规模对知识涌现的负面影响。外部嵌入网络的结构洞优势更能代表获取异质性知识的渠道，合作知识宽度越大越会消耗创新主体的创新注意力，使系统追求更具成本优势和效率的创新，降低结构洞的优势作用。因此，本书提出以下假设：

假设5a：合作知识宽度加强外部嵌入共生网络规模对知识涌现的负向作用。

假设5b：合作知识宽度削弱外部嵌入共生网络结构洞对知识涌现的正向作用。

合作知识深度调节外部嵌入共生网络对知识涌现的影响。具体而言，合作知识深度一定程度上能体现内部合作的价值，知识深度高说明当前知识研发多集中于某领域，对某些研究领域有了深刻的认识，打好了扎实的知识基础，产生了有价值的知识，也能体现该区域已形成独特的创新路线，这对区域创新生态系统跨区域合作行为来说会有不利影响。合作知识深度较高的区域凭借已有的知识创新经验和能力进行跨区域的合作时，由于知识资源的模块化特征明显，会导致系统外部知识与内部知识的差距较大，不利于知识重组。还会由于知识深度的积累使区域形成创新惯例，将创新资源集中在某些领域上，降低外部知识搜索及整合的效率，不利于区域创新生态系统知识涌现。另外，合作知识深度较高的区域对新知识的挖掘和探索的需求降低，动机减弱，忽视对外部嵌入关系获取的信息的转化，使得占据结构洞位置带来的知识涌现效果降低。因而，合作知识深度有助于增强外部嵌入共生网络规模对知识涌现的负向影响，并会削弱区域创新生态系统外部嵌入共生网络结构洞对知识涌现的正向作用。因此，本书提出如下假设：

假设6a：合作知识深度加强外部嵌入共生网络规模对知识涌现的负向作用。

假设6b：合作知识深度削弱外部嵌入共生网络结构洞对知识涌现的正向作用。

根据如上假设绘制概念模型，如图5.6所示。

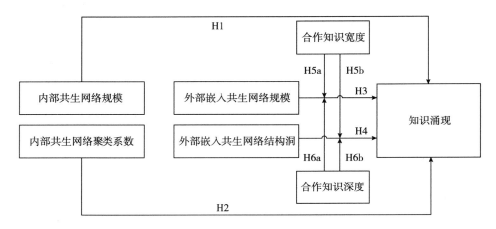

图5.6 双层共生网络对知识涌现影响概念

三、区域创新生态系统共生网络对知识涌现影响的研究设计

在理论分析的基础上，采用中国省级区域创新生态系统为研究样本开展实证研究，检验区域内部共生网络与外部嵌入共生网络的特征对知识涌现的影响。本节具体介绍样本选择与区域创新生态系统共生网络构建方法及网络特征获取方法。

（一）样本选择与数据来源

区域创新生态系统中包含多个创新主体，为满足自身及区域对创新知识的需求，各知识创新主体间存在广泛的合作关系，在合作中获取差异化知识，增加自身知识复杂性，提升知识创新的机会，保持其竞争优势。从区域创新系统角度来看，呈现出内部共生网络及外部嵌入共生网络特征。广泛的区域内外部合作和知识涌现情况为本书提供了较好的研究情境。中国各地区知识涌现不均衡，从合作网络角度解决区域创新生态系统知识涌现问题很有意义。实证分析数据基于我国的 30 个省份（不包括港澳台地区和西藏），设定样本起始时间为 2009 年，考虑实证研究中涉及专利 5 年内被引用次数，样本截止时间为 2019 年。关注区域创新系统内部网络与外部嵌入共生网络的作用，检验双层共生网络的存在性，以及区域创新系统内部和外部嵌入网络特征对知识涌现的影响，并解决合作知识基础在外部嵌入共生网络中的互动作用问题。

研究获取 2009～2019 年我国 30 个省份合作授权发明专利，并手动查询创新主体地址，基于授权发明专利联合申请主体所属区域，用社会网络分析法构建内部专利合作网络及外部嵌入专利合作网络构成的双层共生网络，探究区域创新系统结构、规模特征与知识涌现的关系。数据主要来自 Patsnap 全球专利数据库，专利样本包含我国 30 个省份共计 42560 个创新主体，内、外部共计合作 561842 次。将合作数据转化为网络形态，分别构建以省域内的企业、大学及研究机构为节点的内部共生网络，以及通过内部企业、大学及研究机构的跨区域合作数据形成的外部嵌入共生网络，并利用 Ucinet 及 Gephi 获取社会网络分析得到区域创新系统双层网络拓扑结构特征，以此为基础开展后续研究。

（二）变量测度

1. 被解释变量

知识涌现。本章选取的被解释变量与第三章分析区域创新生态系统共生环境对知识涌现影响的研究中选取的知识涌现测度方式一致，用 5 年时间窗口中包含新的五位 IPC 分类号的专利数量衡量。

2. 解释变量

根据获取的合作专利，本书根据专利权人的地址构建区域创新系统内、外部双层网络。若企业、大学、研究机构均在某一省域内，以创新主体为节点构建基于每年的主体—主体矩阵的区域创新系统内部网络。若出现跨省合作，则忽视创新主体的位置，以各个省域区域创新系统为节点构建基于每年的区域—区域矩阵的外部网络。为体现区域创新系统受其所处的社会网络关系及结构影响的嵌入性，本书称之为区域创新生态系统外部嵌入共生网络。

内部共生网络规模。内部共生网络规模以区域创新生态系统内部构建的内部合作网络包含的创新主体合作关系数量衡量。主要体现每个创新主体蕴含的关系资源。

内部共生网络结构。内部共生网络结构以内部共生网络平均聚类系数衡量，代表网络整体的集聚程度。以省际区域为划分的内部共生网络为数据基础，计算各点的局部聚类系数的平均值得到网络平均聚类系数，节点局部聚类系数为与节点 i 直接连接的主体之间实际连接边数和最大可能边数的比值。网络平均聚类系数公式如下：

$$C = \frac{1}{n} \sum_{i}^{n} C_i \tag{5-1}$$

$$C_i = \frac{2E_i}{k_i(k_i-1)} \tag{5-2}$$

其中，C 为网络平均聚类系数，C_i 为局部聚类系数，k_i 为节点 i 的度，即节点 i 直接连接的知识创新主体数量，E_i 为实际与节点 i 直接连接的主体之间存在边的数量。

嵌入共生网络规模。由于区域创新系统之间的合作次数不止一次，节点之间的边不止一条，每次区域创新系统合作会涉及蕴含在系统内部的不同创新主体，各区域可通过嵌入网络获取到不同的资源。由于国家创新系统网络节点有限，为了体现嵌入网络的资源价值，借鉴 Podolny 和 Baron（1997）[315]用直接关系数量衡量网络规模的做法，运用区域合作关系的次数测量外部嵌入共生网络规模。

嵌入共生网络结构。为体现区域创新系统在嵌入网络中的位置，用某个区域创新系统在全国合作网络中占据的结构洞衡量嵌入结构。结构洞是指社会网络中的关系空隙，若双方缺少直接联系，必须通过第三者才能建立联系，则认为第三者占据结构洞网络位置，Burt（1992）提出了衡量网络节点结构洞的结构洞指数，包括有效规模（Effective Size）、效率（Efficiency）、约束（Constraint）和层级（Hierarchy）[87]。选择广泛应用的 1 与约束系数的差值来衡量嵌入网络中各区域所占据的结构洞，公式如下。约束系数越小，主体占据的结构洞位置越多。

$$SH_i = 1 - C_i \tag{5-3}$$

$$C_i = \sum_j \left(p_{ij} + \sum_q p_{iq} \times q_{qi} \right)^2, \ q \neq i, j \tag{5-4}$$

其中，C_i 为约束系数，j 为与节点 i 相连的所有点，q 为除了 i，j 节点外的第三者，p_{ij} 为节点 i 与 j 关系所占 i 到所有邻接点的比例，p_{iq} 是 i 到 q 关系的边际强度，p_{qi} 是 q 到 i 关系的边际强度。

3. 调节变量

根据上述定义，合作知识基础包括合作知识宽度和合作知识深度两个方面。

合作知识宽度。专利的权利要求数量是专利申请者根据创新内容明确的创新范围和侵权限制，是专利维护和诉讼相关的重要指标，可体现专利涵盖知识的复杂性[316]。由此，本书借鉴许珂和陈向东（2010）测度专利宽度的做法[317]，选用合作专利的权利要求数量作为衡量合作知识宽度的方式。

合作知识深度。由于专利的引证次数能体现该专利蕴含的知识深度，在特定技术领域内的知识经验，说明知识独占性强且具有一定的领先优势，能对后来的知识发展产生直接影响，参考程文银等（2022）对知识深度的测度[318]，选用专利的引证次数作为衡量合作知识深度的方式。

4. 控制变量

本章沿用第三章的控制变量，控制了如下四个除主要变量以外对知识涌现产生影响的因素，包括：①政府干预程度，用政府财政支出占地区 GDP 的比例表示；②金融发展规模，用金融机构存、贷款余额占地区 GDP 的比重表示；③经济发展水平，用人均 GDP 表示；④人力资本，用省际加权人均受教育年限衡量。

因变量、自变量、调节变量、控制变量如表 5.2 所示。

表 5.2 变量测度

	变量	变量名称	变量测度
因变量	Emergence	知识涌现	5 年时间窗包含新 IPC 分类号的专利数量
自变量	Insize	内部共生网络规模	省内合作连接次数
	Clustering	内部共生网络结构	平均聚类系数
	Embsize	外部嵌入共生网络规模	省际合作连接次数
	Strhole	外部嵌入共生网络结构	结构洞
调节变量	Claims	合作知识宽度	权利要求数量
	Cite	合作知识深度	专利引证次数
控制变量	Gov	政府干预程度	政府财政支出占地区 GDP 的比例
	Fin	金融发展规模	金融机构存、贷款余额占地区 GDP 的比重
	pGDP	经济发展水平	人均 GDP
	Hucap	人力资本	省际加权人均受教育年限

（三）模型构建

分别从内部共生网络和外部嵌入共生网络验证研究假设，具体模型如下：

内部共生网络：

$$Emergence = a_0 + a_1 Insize_{it} + a_2 Insize_{it}^2 + a_j \sum X_{it} + \lambda_i + \gamma_t + \varepsilon_{it}$$

$$Emergence = a_0 + a_1 Clustering_{it} + a_2 Clustering_{it}^2 + a_j \sum X_{it} + \lambda_i + \gamma_t + \varepsilon_{it}$$

$$(5-5)$$

外部嵌入共生网络：

$$Emergence = a_0 + a_1 Embsize_{it} + a_j \sum X_{it} + \lambda_i + \gamma_t + \varepsilon_{it}$$

$$Emergence = a_0 + a_1 Strhole_{it} + a_j \sum X_{it} + \lambda_i + \gamma_t + \varepsilon_{it}$$

$$(5-6)$$

调节效应：

$$Emergence = a_0 + a_1 Embsize_{it} + a_2 Embsize_{it} \times claims_{it} + a_j \sum X_{it} + \lambda_i + \gamma_t + \varepsilon_{it}$$

$$Emergence = a_0 + a_1 Strhole_{it} + a_2 Strhole_{it} \times claims_{it} + a_j \sum X_{it} + \lambda_i + \gamma_t + \varepsilon_{it}$$

$$（5-7）$$

$$Emergence = a_0 + a_1 Embsize_{it} + a_2 Embsize_{it} \times cite_{it} + a_j \sum X_{it} + \lambda_i + \gamma_t + \varepsilon_{it}$$

$$Emergence = a_0 + a_1 Strhole_{it} + a_2 Strhole_{it} \times cite_{it} + a_j \sum X_{it} + \lambda_i + \gamma_t + \varepsilon_{it}$$

$$（5-8）$$

四、区域创新生态系统共生网络对知识涌现影响的实证研究

（一）描述性统计与相关性分析

对被解释变量、解释变量和控制变量进行描述性统计分析，各变量的平均值、标准差、最大值、最小值以及样本数如表5.3所示。

表5.3　变量描述性统计

变量	Mean	SD	Max	Min	N
Emergence	350. 685	241. 695	3191	20	330
Insize	570. 402	1219. 974	8782	2	321
Clustering	0. 624	0. 193	0. 981	0	317
Embsize	1147. 706	1904. 606	12838	5	330
Strhole	0. 561	0. 153	0. 778	−0. 577	329
Gov	0. 243	0. 101	0. 628	0. 096	330
Fin	3. 107	1. 134	7. 901	1. 522	330
pGDP	50522. 18	26414. 2	164200	10309	330
Hucap	9. 089	0. 923	12. 681	6. 766	330

从区域创新生态系统的知识涌现指标来看，区域的平均知识涌现为 350.685，最小值为 20，最大值为 3191，最大值与最小值差距很大，知识涌现呈现出十分明显的差异性特征。此外，内部网络指标和嵌入网络指标的方差较大，说明各区域创新生态系统的合作网络规模和结构具有明显差异，其余控制变量也有类似的特征。利用这些网络指标进行实证分析，能有效地反映出各变量对知识涌现的影响程度。

各变量的相关性分析如表 5.4 所示。由表 5.4 可见，内部共生网络规模（Insize）、内部共生网络结构（Clustering）、外部嵌入共生网络规模（Embsize）、外部嵌入共生网络结构（Strhole）、政府干预程度（Gov）、金融发展规模（Fin）、经济发展水平（pGDP）、人力资本（Hucap）之间存在明显的相关关系，且相关系数最大为 0.788，不超过 0.8，可进行后续的回归分析。

表 5.4　相关性分析

变量	Emergence	Gov	Fin	pGDP	Hucap	Insize	Clustering	Embsize	Strhole
Emergence	1								
Gov	−0.398***	1							
Fin	0.134**	0.250***	1						
pGDP	0.377***	−0.328***	0.518***	1					
Hucap	0.300***	−0.332***	0.595***	0.788***	1				
Insize	0.465***	−0.217***	0.526***	0.623***	0.518***	1			
Clustering	0.216***	−0.151***	0.204***	0.314***	0.243***	0.258***	1		
Embsize	0.477***	−0.247***	0.451***	0.616***	0.497***	0.777***	0.230***	1	
Strhole	0.288***	−0.153***	0.250***	0.350***	0.363***	0.327***	0.416***	0.327***	1

注：***和**分别表示通过1%和5%水平的显著性。

为保证变量之间不存在共线性问题，检验模型的方差膨胀因子（VIF），所有解释变量的方差膨胀因子如表 5.5 所示。经检验所有研究模型的 VIF 值均低于 5，最大值为 3.67，平均值 VIF 值为 2.56，不存在严重的共线性问题，不会出现无法有效估计变量间关系的问题。

表5.5　多重共线性检验

变量	VIF	1/VIF
Hucap	3.67	0.272812
pGDP	3.39	0.295172
Fin	3.04	0.32936
Insize	3.02	0.331592
Embsize	2.77	0.360402
Gov	1.96	0.511289
Strhole	1.38	0.722888
Clustering	1.29	0.772789
Mean VIF	2.56	

（二）假设检验

本书以知识涌现作为被解释变量，被解释变量由含有 5 年时间窗内未出现过的 IPC 分类号的专利数量衡量，专利数量为非负整数，且专利数量的均值为 350.685，方差为 58416.606，平均值与方差明显不相等，且存在过离散现象。为避免过度离散造成的回归偏误，选用能处理数据离散化问题的负二项回归。负二项回归是泊松回归的扩展回归模型，相较于泊松回归，负二项回归模型增添了随机项表示过离散效应，能对方差明显大于期望的过度离散的计数被解释变量进行回归分析。在进行 Hausman 检验和时间虚拟变量的联合显著性检验后，采用时间、个体双向固定的固定效应负二项回归模型来系统研究内部共生网络及外部嵌入共生网络特征对知识涌现的影响，控制了不随时间推移的区域创新生态系统个体异质性和不随区域变化的时间异质性。

内部共生网络及外部嵌入共生网络的结构对知识涌现的回归结果如表 5.6 所示，回归之前对各变量进行了标准化处理。其中，模型（1）和模型（2）是分别是考虑控制变量下内部合作规模、平均网络聚类系数对知识涌现的回归结果。从回归结果来看，内部合作规模一次项的系数在 1% 的水平上显著为负，内部合作规模二次项的系数在 1% 的水平上显著为正。根据"U"形关系检验结果可知，最小样本值系数为负（solpe = -0.6191），最大样本值系数为正（slope = 3.2802），最小值和最大值的系数符合倒"U"形的左右两侧的斜率方向，极值点为 0.6768，极值点处于内部共生网络规模的数据范围 [−0.4659，6.7310]，倒"U"形关系显著性 p = 0.00041，t = 3.38，说明内部共生网络规模与知识涌现呈显著的"U"形关系，假设 1 成立。出现此结果的原因在于，初始内部合作关系的建立由于信任水平低，沟通成本高，并不利于知识创新主体之间知识的流动和转移，为防止机会主义事件的发生，知识创新主体对合作方有所保留，双方无法在合作中获得合作方的隐性知识，抑制了知识涌现。在更复杂的合作关系中才会增加知识的流动，有助于知识的内化吸收，从而促进知识涌现。

表 5.6　基准回归结果

变量	Emergence							
	模型（1）	模型（2）	模型（3）	模型（4）	模型（5）	模型（6）	模型（7）	模型（8）
Insize	−0.367***							
	(−4.127)							
$Insize^2$	0.271***							
	(3.473)							
Clustering		0.212***						
		(3.320)						
$Clustering^2$		−0.155**						
		(−2.315)						
Embsize			−0.151***		−0.046		−0.029	
			(−3.195)		(−0.683)		(−0.558)	
Strhole				0.157***		0.166***		0.124***
				(5.530)		(5.693)		(3.847)
Claims× Embsize					−0.108*			
					(−1.958)			
Claims× Strhole						−0.038		
						(−1.407)		
cite× Embsize							−0.130**	
							(−2.573)	

续表

变量	Emergence							
	模型（1）	模型（2）	模型（3）	模型（4）	模型（5）	模型（6）	模型（7）	模型（8）
cite×Strhole								-0.019
								(-1.157)
Gov	-0.093	-0.070	-0.094	-0.021	-0.093	-0.043	-0.038	-0.030
	(-1.105)	(-0.850)	(-1.134)	(-0.266)	(-1.130)	(-0.521)	(-0.451)	(-0.356)
Fin	-0.253***	-0.329***	-0.257***	-0.305***	-0.259***	-0.300***	-0.264***	-0.313***
	(-4.127)	(-5.341)	(-4.196)	(-5.009)	(-4.219)	(-4.902)	(-4.378)	(-5.132)
pGDP	-0.182**	-0.288***	-0.213**	-0.284***	-0.178**	-0.274***	-0.141	-0.279***
	(-2.141)	(-3.623)	(-2.427)	(-3.568)	(-1.984)	(-3.471)	(-1.572)	(-3.474)
Hucap	-0.052	-0.023	-0.041	-0.080	-0.044	-0.073	-0.016	-0.068
	(-0.679)	(-0.305)	(-0.510)	(-1.045)	(-0.556)	(-0.952)	(-0.210)	(-0.903)
_cons	-0.093	-0.070	-0.094	-0.021	-0.093	-0.043	-0.038	-0.030
	(-1.105)	(-0.850)	(-1.134)	(-0.266)	(-1.130)	(-0.521)	(-0.451)	(-0.356)
个体固定	是	是	是	是	是	是	是	是
年份固定	是	是	是	是	是	是	是	是
Log likelihood	-1672.672	-1648.807	-1727.603	-1712.682	-1725.912	-1711.687	-1666.245	-1661.862
N	321	317	330	329	330	329	320	319

注：＊＊＊、＊＊和＊分别表示通过1%、5%和10%水平的显著性。

网络平均聚类系数的一次项系数在1%的水平上显著为正，二次项系数在5%的水平上显著为负，且根据"U"形关系检验结果，最小样本值系数为1.2164，最大样本值系数为-0.3632，最小值和最大值的系数符合倒"U"形关系左右两侧的斜率方向，极值点为0.6813，极值点处于内部共生网络规模的数据范围 [-3.2302，1.8492]，倒"U"形关系显著性 p = 0.0278，t = 1.92，说明内部共生网络平均聚类系数与知识涌现呈显著的倒"U"形关系，假设2成立。网络平均聚类系数是体现区域内部知识交流效率的指标，由分析可知，适度的网络平均聚类系数才能促进知识涌现，过低的平均聚类系数不利于区域内部知识交流，过高的区域平均聚类系数会使组织结构固化，团体之间存在知识交流的壁垒，不利于知识涌现。

在模型（3）和模型（4）中，分别加入代表外部嵌入共生网络规模和结构的外部合作关系数量和结构洞，从结果来看，外部嵌入共生网络规模对知识涌现有显著的负向影响，外部嵌入共生网络结构洞对知识涌现有显著的正向影响，假设3、假设4成立。这表明单纯提高外部合作规模会对知识涌现产生负向效应，外部合作规模越大的区域，其知识涌现反而越低，而提高区域创新系统在外部嵌入网络中的结构洞则会对知识涌现产生正向效应，占据结构洞位置越多，知识涌现越高。产生此现象的原因在于，占据结构洞位置的优势能够优先获取到更多区域的知识创新资源，且相较于其他区域有更丰富的知识接触，有利于丰富自身的知识创新资源，促进知识发展。且往往占据结构洞位置的区域具有必要性知识资源，相较于扩大外部合作规模，更能促进区域创新生态系统的知识涌现。

为进一步分析内部合作知识基础在区域创新系统外部嵌入共生网络结构和规模与知识涌现关系中的作用，在模型（3）和模型（4）的基础上增加合作知识基础与嵌入变量的交互项，以此检验合作知识基础的调节作用。表中模型（5）和模型（6）是合作知识宽度对外部嵌入共生网络与知识涌现关系的回归结果，模型（7）和模型（8）是合作知识深度对外部嵌入共生网络与知识涌现关系的回归结果。模型（5）和模型（6）的回归结果显示，合作知识宽度与嵌入规模的交叉项系数显著为负，这表明合作知识基础会加强原有的负向关系，假设5a得到支持，合作知识宽度与嵌入结构洞的交叉项系数不显著，这说明假设5b没有得到支持。模型（7）和模型（8）的回归结果显示，合作知识深度与外部嵌入规模的交叉项系数显著为负，这表明合作知识基础会加强原有的负向关系，假设6a得到支持，合作知识深度与嵌入结构洞的交叉项系数不显著，拒绝了假设6b。

（三）稳健性检验

稳健性检验是检验模型稳健性和有效性的方法，通过观察更改回归模型后核心解释变量的系数的正负和显著性是否会改变，来验证模型的稳健性。

稳健性检验的方法多样，本书为保证模型回归结果的稳健性，选用了如下两种检验方式。

第一，利用动态面板系统 GMM 方法进行稳健性检验，由于知识涌现可能具有延续性，存在前期对后期的影响，可能存在内生性问题。通过引入知识涌现的滞后项进行动态面板模型估计，使模型具备动态解释能力，并利用解释变量的滞后项作为工具变量进行两阶段广义矩估计（系统 GMM）[303]，通过差分变换消除异质项，克服遗漏变量，并通过工具变量解决内生性问题带来的偏误。各模型的二阶序列相关检验和工具变量 Hansen 过度识别检验如表 5.7 所示。由表可知，回归结果除了模型（3）的外部嵌入共生网络规模的系数的 P 值略大于 10% 的显著性以外，其他模型的主要变量系数的显著性和方向均与基准回归结果相同。

表 5.7 动态面板系统 GMM 回归结果（稳健性检验）

变量	Emergence							
	模型（1）	模型（2）	模型（3）	模型（4）	模型（5）	模型（6）	模型（7）	模型（8）
L. emergence	0.939***	1.103***	0.807***	0.729***	0.826***	0.779***	0.694***	1.070***
	(13.874)	(5.636)	(7.017)	(5.909)	(6.423)	(5.808)	(4.036)	(5.664)
Insize	−0.068*							
	(−2.015)							
$Insize^2$	0.140***							
	(4.468)							
Clustering		0.917*						
		(1.811)						
$Clustering^2$		−0.816*						
		(−1.882)						
Embsize			−0.018		0.263***		0.413***	
			(−0.343)		(6.858)		(4.496)	
Strhole				0.086***		−0.032		−0.067
				(3.784)		(−0.302)		(−0.565)
Claims× Embsize					−0.159***			
					(−4.584)			

变量	Emergence							
	模型（1）	模型（2）	模型（3）	模型（4）	模型（5）	模型（6）	模型（7）	模型（8）
Claims× Strhole						−0.007		
						(−0.334)		
cite× Embsize							−0.371***	
							(−4.731)	
cite× Strhole								0.027
								(0.794)
Gov	0.012	0.156	0.106	−0.071	−0.004	−0.077	−0.100	0.100
	(0.306)	(1.340)	(1.057)	(−1.027)	(−0.058)	(−1.049)	(−0.966)	(0.976)
Fin	−0.024	−0.065	−0.306**	0.004	−0.047	0.025	0.009	−0.031
	(−1.223)	(−1.380)	(−2.078)	.(0.170)	(−1.248)	(0.735)	(0.196)	(−0.785)
pGDP	0.065***	0.121**	0.178**	0.046	0.025	0.032	0.030	0.086**
	(3.135)	(2.262)	(2.144)	(1.464)	(0.873)	(0.880)	(1.023)	(2.581)
Hucap	−0.045**	−0.016	0.300	−0.037	−0.026	−0.029	−0.029	−0.008
	(−2.160)	(−0.636)	(1.549)	(−1.689)	(−1.299)	(−1.120)	(−1.297)	(−0.405)
_cons	0.313	−0.402	1.005	1.613**	0.953	1.376*	1.726	−0.482
	(0.794)	(−0.363)	(1.452)	(2.221)	(1.242)	(1.757)	(1.647)	(−0.427)
个体固定	是	是	是	是	是	是	是	是
年份固定	是	是	是	是	是	是	是	是
AR（1）	0.006	0.003	0.003	0.007	0.001	0.005	0.017	0.006
AR（2）	0.300	0.837	0.758	0.872	0.9911	786	0.790	0.147
Hansen	1.000	1.000	1.000	1.000	1.000	1.000	1.000	1.000
N	294	290	300	299	300	299	293	292

注：***、**和*分别表示通过1%、5%和10%水平的显著性。

第二，选择普通固定效应面板回归模型验证内外部结构、规模与知识涌现的线性及非线性关系，以及合作知识基础对外部共生网络的调节效应，需要指出的是，在不选用负二项回归时对因变量采用了对数处理，检验结果如表5.8所示。由表可知，所有模型系数的方向以及显著性结果均与基准回归相同，再次说明本书中构建的内、外部共生网络对知识涌现影响的模型具有一定的稳定性。

表 5.8　替换回归方式的回归结果（稳健性检验）

变量	Emergence							
	模型（1）	模型（2）	模型（3）	模型（4）	模型（5）	模型（6）	模型（7）	模型（8）
lnsize	-0.324***							
	(-3.914)							
lnsize^2	0.240***							
	(3.628)							
Clustering		0.217***						
		(3.088)						
Clustering^2		-0.158**						
		(-2.083)						
Embsize			-0.093**		-0.026		0.061	
			(-2.565)		(-0.610)		(1.365)	
Strhole				0.185***		0.195***		0.158***
				(6.631)		(6.765)		(4.514)
Claims× Embsize					-0.107***			
					(-2.980)			
Claims× Strhole						-0.037		
						(-1.351)		
cite× Embsize							-0.185***	
							(-4.368)	
cite× Strhole								-0.020
								(-1.082)
Gov	-0.046	0.000	0.119	-0.016	0.049	-0.043	0.016	0.004
	(-0.377)	(0.002)	(1.030)	(-0.143)	(0.426)	(-0.384)	(0.136)	(0.037)
Fin	-0.125	-0.178*	-0.142	-0.138	-0.131	-0.139	-0.205**	-0.166*
	(-1.233)	(-1.773)	(-1.351)	(-1.398)	(-1.265)	(-1.411)	(-2.060)	(-1.660)
pGDP	0.057	0.032	0.103	0.038	0.076	0.014	0.021	0.041
	(0.616)	(0.398)	(1.106)	(0.469)	(0.827)	(0.170)	(0.241)	(0.507)
Hucap	0.063	0.126	0.129	0.110	0.061	0.098	0.105	0.095
	(0.590)	(1.217)	(1.178)	(1.070)	(0.555)	(0.950)	(1.030)	(0.920)
_cons	5.586***	5.737***	5.623***	5.834***	5.529***	5.791***	5.602***	5.853***
	(41.755)	(45.879)	(42.526)	(45.104)	(41.190)	(43.515)	(44.892)	(44.920)
个体固定	是	是	是	是	是	是	是	是
年份固定	是	是	是	是	是	是	是	是
N	321	317	330	329	330	329	320	319

注：***、**和*分别表示通过1%、5%和10%水平的显著性。

五、实证结果分析

由检验结果可见，区域创新生态系统的内、外部双层共生网络的 4 个指标对知识涌现的影响有所不同。基于模型（1），验证了假设 1 内部共生网络规模与知识涌现的关系，发现内部共生网络规模与知识涌现之间呈显著的"U"形关系。由于每个知识创新主体探究的知识领域不同，均拥有自身独特的知识库，随着内部共生网络规模的扩大，不同知识创新主体建立了联系，使区域创新生态系统共生网络中主体增加，网络蕴含的知识广泛，这对于知识创新主体间信任程度低、知识吸收能力有限的区域创新生态系统知识创新主体来说消耗了资源却无法进行知识整合，阻碍了自身发展，抑制知识涌现；而对于已经具备一定的合作网络规模的区域创新生态系统来说，内部共生网络规模越大，网络蕴含的可被整合利用的知识越多，知识的可选性更多，越能提升知识创新主体的知识整合的效率[319]，有助于知识涌现。

基于模型（2），验证了假设 2 中内部共生网络聚类系数与知识涌现之间的关系，内部共生网络聚类系数与知识涌现之间呈倒"U"形关系。网络聚类系数能反映知识创新主体集聚成团的现象，在知识创新主体的成长阶段，建立合作关系并融入群体中能快速获取到与自身知识互补的知识，更容易吸收和内化知识，促进知识涌现。实证结果表明，若一个区域创新生态系统的聚类系数超过某一阈值，聚类系数越大，则表示形成群体的程度越高，知识在合作交流中趋于相近，群体内部知识创新主体间拥有相似知识的概率越大，且在群体中缺少竞争氛围减少了对新知识创造的需求，从知识冗余度角度和知识创新欲望角度来看，聚类系数增大不利于知识涌现。

基于模型（3），验证了外部嵌入共生网络规模与知识涌现的关系，结果表明外部嵌入网络规模负向影响知识涌现。即外部嵌入网络规模越大，知识涌现水平越低。外部嵌入规模体现跨区域合作频率，造成负向影响的原因在于，跨区域知识创新单元间由于信任缺失，无法进行有益的知识共享，即使扩大嵌入网络的合作规模也难以进行知识的重组和整合，不利于新知识的产生。另外，由于各区域创新生态系统的能力有限，在获取搜寻可利用的外部知识时，会消耗原本用于知识创造的有限资源，使跨区域的知识交流更加难以消化吸收。

基于模型（4），验证了外部嵌入共生网络结构洞与知识涌现的关系，实证结果表明外部嵌入网络结构洞正向影响知识涌现，这意味着区域创新生态系统在整体网络中的位置十分重要，若能在网络中占据结构洞位置则能拥有更多的优势，将率先掌握知识缺口信息并优先筛选可利用的非冗余知识，凭借优势位置实现知识互补；占据结构洞位置会享有知识的支配权利，有利于区域创新系统的知识涌现的产生。

模型（5）和模型（6）探讨了合作知识宽度为调节变量时，对外部嵌入共生网络中的外部嵌入规模、结构洞与区域创新生态系统知识涌现关系的影响。模型（7）和模型（8）探讨了合作知识深度为调节变量时，对外部嵌入共生网络中的外部嵌入规模、结构洞与区域创新生态系统知识涌现关系的影响。合作知识基础的提高是内部合作有效性的体现，说明区域内部合作关系的建立有效提高了知识创新基础单元间知识的共享水平，创造出了更高合作知识基础的知识。根据假设5a和假设6a的验证结果，内部合作知识宽度较大或合作知识深度较大的地区由于资源挤占、惯性创新等原因，降低了对区域创新生态系统外部知识的接受度，内部合作知识宽度和内部合作知识深度均会增强外部嵌入网络规模对知识涌现的负向作用，内部合作知识基础越高，这种增强作用越明显。根据假设5b和假设6b的验证结果，内部合作宽度和深度对外部嵌入结构洞与知识涌现之间的正向关系有削弱作用，但不显著。这意味着当前我国区域创新生态系统合作知识基础挤出了吸收外部知识的可能性；而在占据重要结构洞位置时，内部合作已经占据了较多的知识创新资源去追求成本优势和效率[320]，根据资源的有限性，内部合作知识成本稀释了知识创新资源，在面临知识异质性过高的组织时没有足够的协调成本。同时，占据结构洞位置的跨区域合作知识创新难度更强，由于区域创新生态系统知识创新单元的自身知识创新能力限制，往往难以在跨区域异质性知识共享中深入挖掘并创造出新颖的知识[321]。

六、本章小结

本章获取 2009~2019 年我国 30 个省份区域创新主体合作授权专利，根据包括高校、企业、研究机构在内的知识创新主体的地址分为区域内部合作专利及区域间合作专利，构建内部及外部嵌入双层共生网络，采用负二项回归模型，实证研究了内部共生网络规模和聚类系数对区域创新系统知识涌现的影响，外部嵌入共生网络规模和结构洞对区域创新系统知识涌现的影响，并将内部合作知识基础的宽度和深度作为调节变量引入到外部嵌入共生网络与知识涌现的研究模型中，检验了外部嵌入共生网络与知识涌现的边界条件，即内部合作知识基础的调节作用。

第六章

区域创新生态系统共生要素组态效应对知识涌现的影响研究

前文章节分别探究了共生环境、共生关系和共生网络 3 种共生要素如何分别影响区域创新生态系统的知识涌现，3 种共生要素存在复杂交互关系，共生要素的组合是促进知识涌现的关键。中国区域创新生态系统的共生情况存在明显的区域差异，不同区域可能采取不同的路径组合来促进知识涌现。本章基于组态视角探究 3 种共生要素如何通过复杂互动来促进区域创新生态系统的知识涌现。探究共生背景下什么样的共生条件可以充分地产生高水平知识涌现，归纳总结区域创新生态系统的知识涌现的差异化驱动模式，对实现区域创新生态系统的高水平知识涌现具有重要的决策参考价值。

一、共生要素组态效应对知识涌现影响的研究设计

（一）分析方法

QCA 是区别于统计分析的定性比较分析法，发展于系统比较程序，是基于布尔代数的研究方法，以系统性组态视角了解复杂现象，解决了组态分析实证研究的困难。在此方法中以整体性分析视角将每个案例都看作一个多属性构成的复杂组合（组态），不忽视任何一个整体。该方法区别于传统的统计方法根据实际数据拟合出单一因果模型的做法，将产生特定结果的条件组合起来，观察什么样的特定组合能导致既定结果，在多个可比较的案例中确定不同的模型，重在分析前因条件的出现是否能充分地导致结果的出现。超出相关分析及回归分析中取所有样本平均数的范畴，通过"并发因果关系"的假设扩展了因果关系分析框架，考虑多个原因的组合共同构成某一结果；不再假定因果关系的对称性，某一期望结果并不存在唯一最佳路径的解，认

为构成特定结果的原因可能需要多个原因组合的多条路径来分别解释，且认为多条路径的效果是相同的；因果效应一致性被打破，原本因果效应的一致性是指因果推断中某一个体的潜在结果都不会受其他个体的干预而变化，不会在受到不同干预时产生不同的潜在结果，而 QCA 则认为某一个确定的原因在与其他不同的条件组合后，能产生正向或者负向不同的结果。整体来看，在保留"异常值"的条件下对每种情况进行解释，保留了每个案例的独特性。基于组态视角，能够将以往有深入分析和理解但结论仅适用于单个案例、难以推广的多个单个案例进行系统化比较，组态视角认为各个前因条件之间潜在的合作能引起某种结果的产生，将多个案例转化为组态，对多个案例信息深度挖掘[322]。具有兼顾定义变量、分解变量不破坏案例整体性的定量和定性的方法优势，具有与统计方法类似的可复制性。在 QCA 方法中，确定集定性比较分析（csQCA）、多值集定性比较分析（mvQCA）和模糊集定性比较分析（fsQCA）是组态比较分析法中三种重要的方法。确定集定性比较分析适用于二分变量；多值集定性比较分析适用于多值变量，也就是多分类条件的数据，是确定集定性比较分析的扩展；模糊集定性比较分析则是基于数学基础中模糊集合理论发展出现的解决集合部分隶属问题的有效方法，适用于连续变量，允许条件在程度或者水平上变化，赋予每个案例一个隶属度。

NCA 是必要条件分析方法，在 2016 年由管理学教授杜尔（Jan Dul）提出[323]。必要条件分析能发现结果的必要条件，即没有什么条件的时候结果必然不会发生，其作用优先于充分条件，可更全面而准确地检验前因条件对结果的影响。相较于 QCA 中进行的必要性分析，它能通过效应量确定必要条件，并通过瓶颈水平定量展示某一特定水平的结果变量必须具备何种程度的前因条件，可以对 QCA 只能定性分析必要条件的方式起到有效的补充作用。已有研究将 NCA 与 QCA 结合起来进行了分析，如杜运周等（2022）[324]、林艳和卢俊尧（2022）[325] 结合这两种方法对结果变量进行了必要条件和充分条件的识别。

为了充分打开促进区域创新生态系统知识涌现的"黑箱"，本书借鉴已有研究，借助 QCA 分析方法探究区域创新生态系统知识涌现的差异化驱动路径，主要原因在于：第一，区域创新生态系统高水平知识涌现的结果充满差异性，知识创新的复杂性也在持续增加，知识涌现并非由区域创新生态系统单一共生要素导致，而是共生环境、共生关系、共生网络不同的组合复杂作用引起的，各要素与知识涌现之间的因果关系复杂，QCA 方法恰好能在不忽视"异常值"的情况下找到区域创新生态系统知识涌现的发生条件，并且 QCA 具有案例导向特性，有助于对相同的知识涌现结果用不同的共生要素条件组合分别解释，发现区域创新生态系统共生要素与知识涌现的因果关系的多样性并进行深入诠释。第二，区域创新生态系统的知识涌现存在多条驱动路径，不同的共生要素组合可能产生相同的知识涌现结果，知识涌现存在多条最佳路径。采用 QCA 分析方法有益于理解区域创新生态系统知识涌现的多重前因变量间的联动关系，并且有助于明确共生要素复杂互动的本质。第三，本书对区域创新生态系统知识涌现的研究基于我国的 30 个省份（不包括港澳台和西藏），案例数量为 30 个，由于 QCA 方法最先用于小样书案例的应用，如今已在大样本研究中广泛应用，对案例数量没有过多限制，适合借助该方法对本书案例进行深入细致的研究。

　　本书在前文共生环境、共生关系、共生网络对区域创新生态系统知识涌现单独影响"净效应"的基础上，以知识涌现为结果变量，共生环境、知识主体共生关系、金融主体共生关系、内部共生网络规模、共生网络结构洞、嵌入共生网络结构洞和共生网络聚类系数 7 个会对区域创新生态系统知识涌现产生影响的因素作为条件变量进行分析。本章同样选择 30 个省份作为案例分析样本，由于上述变量均为连续变量，选择 fsQCA 定性比较分析方法，并增加 NCA 方法逐一分析共生要素与知识涌现之间的必要性关系，然后采用 fsQCA 识别区域创新生态系统知识涌现的多原因发生条件，探索产生相同结果的不同条件组合[326]。其假定所有案例同样重要，不会通过平均的方法得到单一模型，可保留案例的独特性，以"并发因果关系"的假设和因果非对性的假设，保证因果关系的多样性[327,328]，可进一步分析单变量之间复杂的相互作用，解决多变量的多重并发关系问题，增强区域创新生态系统共生背景下知识涌现发生的认知，有助于通过多因素的组合来促进区域创新生态系统知识涌现的提高。本章的逻辑框架如图 6.1 所示。

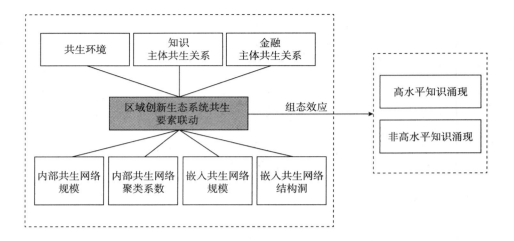

图 6.1 共生要素组态效应对知识涌现的影响框架

（二）变量测度与校准

本章分析共生环境、共生关系、共生网络对知识涌现的组态效应，其中，在第四章确定知识创新主体共生系数的基础上，参考张智光（2014）和 Yang 等（2018）的研究[329,330]，用共生关系指数（Relationship of Harmonious Symbiosis）衡量知识创新主体间及创新金融主体间共生关系的优劣。知识创新主体两种群的共生关系指数的计算方式如下：

$$KsRHS = \frac{a_{12}+a_{21}}{\sqrt{a_{12}^2+a_{21}^2}} \qquad (6-1)$$

其中，a_{ij} 为共生单元 j 对共生单元 i 的共生作用系数。

三种群的共生关系指数借鉴张小燕和李晓娣对三种群共生关系指数的构建[331]，根据第四章的式（4-6）计算种群互动总体影响系数：

$$\begin{cases} A_{gov} = a_{12}+a_{13} \\ A_{ent} = a_{21}+a_{23} \\ A_{fin} = a_{31}+a_{32} \end{cases} \qquad (6-2)$$

式（6-2）中，A_{gov}、A_{ent}、A_{fin} 是共生单元受到的整体作用系数，创新金融主体三种群的共生关系指数为：

$$FsRHS = \sqrt[3]{A_{gov} \times A_{ent} \times A_{fin}} \qquad (6-3)$$

本章选用共生环境、知识主体共生关系指数、金融主体共生关系指数、共生网络的内部共生网络规模、内部共生网络聚类系数、外部嵌入网络规模和外部嵌入网络结构洞 7 个变量作为前因条件，知识涌现作为结果变量。本书中 7 个前因变量和结果变量均不能简单地视为二分类条件或者多分类条件，采用模糊集定性比较分析方法能更好地处理集合中元素的部分隶属性问题。

在利用 fsQCA 分析探索知识涌现的多重并发因果关系路径之前，第一步就是要对结果变量知识涌现，以及条件变量共生环境、知识主体共生关系指数、金融主体共生关系指数、共生网络的内部合作规模、内部聚类系数、外部嵌入网络规模、外部嵌入共生网络结构洞均进行数据校准。由于 QCA 技术是以布尔代数和集合论为语言的独特体系，获取到的变量均为连续型数据，不满足模糊集定性比较分析的条件，需要将原本的连续型变量转化为在 ［0，1］ 的集合隶属度，使集合分数刻度化。0 代表完全不隶属于该集合，1 则代表完全隶属于该集合，0.5 分数则为判断案例归属于哪个集合时的最大模糊点，既不是完全隶属点又不是完全不隶属，是一个交叉点。本书根据数据特征，采用直接校准法将区域创新生态系统的知识涌现和 7 个前因变量转化为模糊集隶属分数，将完全隶属、交叉点和完全不隶属三个校准锚点设为原始数据的上四分位值（75%）、中位值（50%）和下四分位值（25%），如表 6.1 所示。

表 6.1　数据校准

变量	完全隶属	交叉点	完全不隶属
知识涌现（Emergence）	502.5	328	233.25
内部共生网络规模（Insize）	695.5	168	77.5
内部共生网络聚类系数（Clustering）	0.704	0.644	0.5745
嵌入共生网络规模（Embsize）	2492.25	1023.5	294.25
嵌入共生网络结构洞（Strhole）	0.6694	0.6427	0.6017
知识主体共生关系（KsRHS）	1.3621	1.142	0.8122
金融主体共生关系（FsRHS）	0.0043	0.0008	-0.0026
共生环境（L1env）	0.2287	0.1502	0.1094

二、必要条件分析

(一) fsQCA 必要条件分析

必要条件分析是组态分析之前的必要检验，在本书中必要性意味着如果没有某一共生要素，知识涌现就不会发生。通过数据校准得到可用于模糊集定性比较分析的数据后，同时考察组合的异质性作用，检查导致区域创新生态系统高水平知识涌现和非高水平知识涌现是否存在必要条件，对所有前因条件进行必要性分析。必要条件的评估主要基于一致性和覆盖度两个指标，其中一致性是从结果出发评估结果实际数据与讨论的集合理论关系的一致程度，由此判断结果是否是某一条件的子集；覆盖度是指必要条件子集覆盖结果集合的比例。参考 Schneider 和 Wagemann （2010） 的做法[332]，设置 0.9 为必要条件一致性阈值，若前因条件一致性超过 0.9 则为某一结果的必要条件。包含一致性和覆盖度的必要性检验结果如表 6.2 所示，区域创新生态系统高水平知识涌现的条件变量的一致性均小于 0.9，不存在高水平知识涌现的必要条件，说明了区域创新生态系统知识涌现的复杂性，需要综合考虑前因条件的相互作用共同对知识涌现产生的影响；非高水平知识涌现的前因条件中，条件变量的一致性均小于 0.9，不存在非高水平知识涌现的必要条件，即没有条件变量可以单独解释区域创新生态系统非高水平知识涌现。

表 6.2　fsQCA 必要性检验

前因条件	结果变量			
	EmergenceFZ		~EmergenceFZ	
	一致性	覆盖度	一致性	覆盖度
InsizeiFZ	0.782086	0.826855	0.313165	0.332862
~InsizeiFZ	0.368984	0.348265	0.837101	0.794322

续表

前因条件	结果变量			
	EmergenceFZ		~EmergenceFZ	
	一致性	覆盖度	一致性	覆盖度
ClusteringFZ	0.667781	0.669571	0.447473	0.451072
~ClusteringFZ	0.45254	0.448939	0.672207	0.670424
EmbsizeFZ	0.809492	0.808411	0.321144	0.32243
~EmbsizeFZ	0.321524	0.32024	0.809175	0.810253
StrholeFZ	0.493984	0.502379	0.604388	0.617947
~StrholeFZ	0.624332	0.610857	0.513298	0.504905
L1envFZ	0.867647	0.837419	0.329122	0.319355
~L1envFZ	0.294786	0.304138	0.832447	0.863448
KsRHSFZ	0.535428	0.529062	0.550532	0.546896
~KsRHSFZ	0.541444	0.545087	0.525931	0.532301
FsRHSFZ	0.586898	0.590451	0.539229	0.545393
~FsRHSFZ	0.548128	0.54197	0.59508	0.59154

注：~表示"非"。

（二）NCA 必要条件分析

fsQCA 在必要条件分析上有一定局限，只能定性分析知识涌现的必要条件，为了弥补 fsQCA 的缺陷，本书同时采用 NCA 方法对 fsQCA 进行补充，详细分析不同程度的前因变量产生对不同程度结果的影响。借助 R 语言进行 NCA 分析，通过效应量和瓶颈水平定量分析区域创新生态系统知识涌现的必要条件，有助于确定特定水平的结果需要什么样的特定水平的条件。

在 NCA 必要条件分析中，可用 CR（Ceiling Regression）和 CE（Ceiling Envelopment）两种估计法得到效应量，CR 使用上限回归技术分析连续变量，CE 使用上限包络技术分析二分变量和离散变量。通过这两种技术可以得到上限包络线，7 种共生要素与知识涌现的必要性分析散点图如图 6.2 所示，图中 V1~V7 分别代表内部共生网络规模、内部共生网络聚类系数、嵌入共生网络规模、嵌入共生网络结构洞、知识主体共生关系指数、金融主体共生关系指数、共生环境，V8 为知识涌现，如果散点图左上角存在大面积的空白区

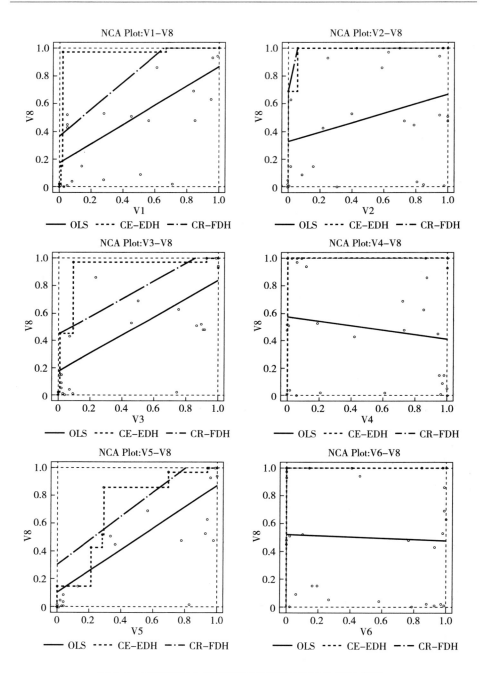

图 6.2　区域创新生态系统知识涌现必要性分析散点图

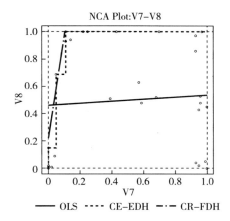

图 6.2 区域创新生态系统知识涌现必要性分析散点图（续）

域，则某一共生要素可能是知识涌现的必要条件。由图 6.2 可知，7 个共生要素与知识涌现的必要性散点图中，观测值左上方的空白区域面积都不大，存在必要条件的可能性比较小。

在绘制散点图的基础上，进一步利用 R 语言得到包含精确度、上限区域、范围、效应值（d）和显著性（P 值）的 NCA 计算结果，本书选择 CR 和 CE 两种估计法进行分析，结果如表 6.3 所示。根据学者 Dul 等（2020）提出的必要性条件判别标准[333]，需要同时满足效应量（d）大于 0.1，且 p 值要小于 0.05 达到显著。由于本书数据是连续变量，主要参考 CR 估计的结果。由表 6.3 可知，内部共生网络规模 CR 分析法的效应量为 0.208 大于 0.1（0.1≤d<0.3 表示存在中等效应），且 P 值显著，嵌入共生网络规模 CR 分析法的效应量为 0.239 大于 0.1，且 P 值显著，可认为内部共生网络规模、外部嵌入共生网络规模可能是知识涌现的必要条件。同时，共生环境的 CR 分析效应量大于 0.1，P 值为 0.000，显示了共生环境可能是知识涌现的一个必要条件。其余前因变量不是知识涌现的必要条件。但必要条件存在精确度 95% 的要求[334]，内部共生网络规模、嵌入共生网络规模和共生环境作为必要条件的精确度分别为 86.70%、90% 和 93.3%，也就意味着分别有 13.3%、10% 和 6.7% 的案例可能是必要条件的反例[335]，这意味着区域创新生态系统知识涌现不存在必要条件。

表 6.3　NCA 必要条件检验

条件	方法	精确度	上限区域	范围	效应量（d）	P 值
内部共生 网络规模	CR	86.70%	0.208	0.968	0.208	0.000
	CE	100%	0.038	1	0.038	0.012
内部共生网络 聚类系数	CR	100%	0.009	1	0.009	0.090
	CE	100%	0.019	1	0.019	0.063
嵌入共生 网络规模	CR	90%	0.234	0.980	0.239	0.000
	CE	100%	0.078	0.980	0.080	0.000
嵌入共生 网络结构洞	CR	100%	0.000	1	0.000	1.000
	CE	100%	0.000	1	0.000	1.000
共生环境	CR	93.3%	0.276	0.872	0.279	0.000
	CE	100%	0.286	0.990	0.289	0.000
知识主体共生 关系指数	CR	100%	0.000	0.980	0.000	1.000
	CE	100%	0.000	0.980	0.000	1.000
金融主体共生 关系指数	CR	96.7%	0.041	1	0.041	0.010
	CE	100%	0.061	1	0.061	0.007

注：效应量大于 0.1 时 P 值显著。

瓶颈水平表示产生某种结果时必要前因条件的最低水平。在瓶颈水平分析结果中（见表 6.4），低水平的知识涌现期望结果可看出没有任何条件是必要的；也可看出要达到总观测范围内 60% 水平的知识涌现，至少需要 24.2% 水平的内部共生网络规模、24.2% 水平的嵌入共生网络规模及 34% 的共生环境和 5.2% 的金融主体共生关系，这些是区域创新生态系统知识涌现必须满足的条件，否则它们就是瓶颈，阻碍知识涌现的产生。

表 6.4　NCA 方法的瓶颈水平（%）分析结果

知识涌现	内部共生 网络规模	内部共生 网络聚类 系数	嵌入共生 网络规模	嵌入共生 网络结构洞	共生环境	知识主体 共生关系 指数	金融主体 共生关系 指数
0	NN	NN	NN	NN	NN	NN	NN
10	NN	NN	NN	NN	NN	NN	NN

续表

知识涌现	内部共生网络规模	内部共生网络聚类系数	嵌入共生网络规模	嵌入共生网络结构洞	共生环境	知识主体共生关系指数	金融主体共生关系指数
20	NN	NN	NN	NN	NN	NN	NN
30	NN	NN	NN	NN	NN	NN	1.2
40	3.6	NN	NN	NN	10.9	NN	2.5
50	13.9	NN	8.8	NN	22.5	NN	3.9
60	24.2	NN	24.2	NN	34	NN	5.2
70	34.5	0.2	39.6	NN	45.6	NN	6.5
80	44.9	2.1	55	NN	57.2	NN	7.8
90	55.2	4.1	70.4	NN	68.8	NN	9.1
100	65.5	6	85.7	NN	80.4	NN	10.4

注：NN 表示不必要。

通过 NCA 的分析可知，在知识涌现某种隶属度时的必要前因条件是某程度的内部共生网络规模、外部嵌入共生网络规模和共生环境，但由于精确度均小于 95%[334,336]，可说明存在一些案例，在这些案例中这三个前因条件并不是必要的，支持了不存在必要条件的观点。这与 Dul（2016）的研究结果相同，NCA 相较于 fsQCA 可识别出更多的必要条件[323]，二者产生不同结果的原因在于 NCA 能识别不同程度知识涌现所需的条件水平。

三、组态的充分性分析

在进行区域创新生态系统知识涌现必要性条件分析后，进行条件的充分性分析，这是 QCA 方法的核心，因特定结果往往存在多条原因路径，每条路径对于结果来说不是必要的，每条路径是不同条件的组合，是结果充分性的一部分，可称之为结果的充分条件组合。将案例分解为一定数量的条件变量和结果变量，从条件出发检验拥有共生要素的组合的区域创新生态系统是否一致地出现了知识涌现结果，即是否构成结果的子集，探究是否存在不同前因变量的组合与区域创新生态系统知识涌现之间的多重因果关系路径。组态效应分析过程通常是通过构建真值表、改进并分析真值表来完成。基于校准数据并使用 fsQCA 3.0 软件将数据转换为可用于 Quine-McCluskey 最小化程序算法的真值表，首先需要设置评价模糊集关系案例的频数阈值，也就是在每个组合上的隶属程度大于 0.5 的案例个数。若该组合中的案例数量足够多，评价该子集的关系才是合理的，否则是缺乏实际案例的逻辑余项。频数阈值的设置一般要考虑案例的数量、条件的数量、模糊集校准情况等因素。一般情况下，小样本的案例数量的频数阈值为 1，若研究的案例数量多，则频数阈值的确定应更大，频数阈值一般设为案例个数的 1.5%。本书的研究案例是我国的 30 个省份（不包括港澳台地区和西藏），案例数量较少，将本书的频数阈值设为 1。在本书中，只有覆盖的案例数大于等于 1 的才会被保留在真值表中，其余的不满足条件的案例会被删除。

一致性是模糊集定性比较分析的重要指标，这一指标通常是判别前因条件是不是结果变量的充分或必要条件的标准。在区域创新生态系统知识涌现的充分性条件分析中，一致性是从条件出发评估实际数据与讨论的集合理论关系的一致程度，若条件组合的隶属分数全都小于或等于结果的隶属分数，此时表明条件是结果的子集，某一条件组合完全可以解释结果变量，一致性为 1。本书根据一般对于原始一致性的要求（Ragin，20006）[327]，设置实证数据和集合关系的原始一致性阈值设为 0.8，保证后续分析的有效性，若某几个案例的组态一致性大于 0.8，则可以说明采用这一共生要素组态的区域创新生态系统具有高水平知识涌现。PRI（Proportional Reduction in Inconsistency）一致性表示不一致性比例的减少，Greckhamer 等（2018）指出，PRI 低于 0.5 的组态意味着明显的不一致性[337]。为避免某种组态的存在会同时导致非结果的发生，参考 Greckhamer（2018）的研究，设置 PRI 一致性阈值为 0.7。本书将对区域创新生态系统知识涌现运行真值表中 PRI 一致性高于 0.7 的组合结果变量编码为 1，PRI 一致性低于 0.7 的组合结果变量编码为 0，以适应 Quine-McCluskey 最小化程序算法，决定哪些条件组合通过了一致性，也就是说同时满足原始一致性和 PRI 一致性的真值表行的结果变量值才是 1，对有效组态进行保留。经编码后的真值表每行都是一个充分性的条件组合，高水平知识涌现的真值表如表 6.5 所示，表中包括原始一致性水平（raw consist）、PRI 一致性水平（PRI consist）、对称一致性水平（SYM consist）。

表 6.5　高水平知识涌现真值表

内部网络规模	内部网络聚类系数	嵌入网络规模	嵌入网络结构洞	共生环境	知识主体共生关系指数	金融主体共生关系指数	高知识涌现	原始一致性	PRI一致性	SYM一致性
1	1	1	0	1	1	0	1	0.9737	0.9635	0.9635
1	1	1	0	1	0	0	1	0.9753	0.9562	0.9562
1	1	1	1	1	0	0	1	0.9632	0.9421	0.9421
1	0	1	1	1	1	0	1	0.9698	0.9368	0.9368
1	0	1	1	1	0	0	1	0.9535	0.9277	0.9277
1	0	1	1	0	0	1	1	0.9226	0.8687	0.8687
0	1	0	0	1	0	1	1	0.9167	0.8354	0.8354
1	0	1	1	1	0	1	1	0.9253	0.8333	0.8333
1	1	1	0	1	1	1	1	0.8638	0.7901	0.7901
1	1	0	1	0	1	1	1	0.8585	0.7541	0.7541
1	1	1	0	1	0	1	1	0.8618	0.7031	0.8411
1	1	1	1	1	1	1	0	0.722	0.5145	0.5299
0	1	1	0	0	0	0	0	0.9264	0.5000	0.6000
0	1	1	0	0	0	0	0	0.8316	0.3529	0.5143
0	0	0	1	0	0	0	0	0.876	0.2727	0.2727
0	1	0	1	0	0	1	0	0.7414	0.0909	0.12
0	0	0	1	0	0	1	0	0.4178	0.0341	0.0341
1	0	0	1	0	0	0	0	0.5051	0.0200	0.0200
0	0	0	0	0	0	0	0	0.2181	0.0118	0.0118
0	1	0	0	0	0	0	0	0.5211	0	0
0	0	0	0	0	1	1	0	0.4211	0	0

续表

内部网络规模	内部网络聚类系数	嵌入网络规模	嵌入网络结构洞	共生环境	知识主体共生关系指数	金融主体共生关系指数	高知识涌现	原始一致性	PRI一致性	SYM一致性
0	1	0	1	0	1	0	0	0.3548	0	0
0	0	0	0	0	1	0	0	0.2650	0	0

（一）知识涌现的前因组态分析

1. 产生高水平知识涌现的组态路径

根据调整后的真值表进行组态分析，明确哪些前因条件的组合才会导致区域创新生态系统高水平知识涌现的出现。QCA 技术追求简约性原则，力求得到某种特定结果的简约解释，并适度地保留了因果的复杂性，通过运行 fsQCA 3.0 软件根据真值表得到高水平知识涌现的三种类型解，分别是简单解、中间解和复杂解，充分条件运行结果如表 6.6 所示。

表 6.6　fsQCA 运行结果

解	条件组态	原始覆盖率	唯一覆盖率	一致性	总体覆盖率	总体一致性
中间解	内部共生网络规模＊内部共生网络聚类系数＊嵌入共生网络规模＊～嵌入共生网络结构洞＊共生环境	0.3676	0.1878	0.8928	0.7039	0.9189
	内部共生网络规模＊嵌入共生网络规模＊嵌入共生网络结构洞＊共生环境＊～知识主体共生关系指数＊～金融主体共生关系指数	0.1678	0.1003	0.9728		
	内部共生网络规模＊嵌入共生网络规模＊～嵌入共生网络结构洞＊共生环境＊～知识主体共生关系指数＊金融主体共生关系指数	0.2012	0.0408	0.8575		
	内部共生网络规模＊～内部共生网络聚类系数＊嵌入共生网络规模＊嵌入共生网络结构洞＊共生环境＊知识主体共生关系指数	0.1698	0.1096	0.8975		

续表

解	条件组态	原始覆盖率	唯一覆盖率	一致性	总体覆盖率	总体一致性
中间解	~内部共生网络规模 * 内部共生网络聚类系数 * ~嵌入共生网络规模 * ~嵌入共生网络结构洞 * 共生环境 * 知识主体共生关系指数 * 金融主体共生关系指数	0.0956	0.0488	0.9166		
	内部共生网络规模 * 内部共生网络聚类系数 * ~嵌入共生网络规模 * 嵌入共生网络结构洞 * ~共生环境 * 知识主体共生关系指数 * 金融主体共生关系指数	0.0608	0.0227	0.8585		
	内部共生网络规模 * 内部共生网络聚类系数 * 嵌入共生网络规模 * ~嵌入共生网络结构洞 * 共生环境	0.3676	0.1878	0.8928		
简约解	内部共生网络规模 * ~嵌入共生网络结构洞	0.4606	0.0702	0.8948	0.8463	0.9069
	~内部共生网络聚类系数 * 嵌入共生网络规模	0.3536	0.0287	0.9136		
	共生环境 * ~金融主体共生关系指数	0.5134	0.0274	0.9834		
	共生环境 * ~知识主体共生关系指数	0.4726	0.0715	0.9041		
	内部共生网络规模 * 内部共生网络聚类系数 * ~共生环境	0.1350	0.0254	0.8860		
复杂解	内部共生网络规模 * 内部共生网络聚类系数 * 嵌入共生网络规模 * ~嵌入共生网络结构洞 * 共生环境	0.3676	0.1878	0.8929	0.7039	0.9188
	内部共生网络规模 * 嵌入共生网络规模 * 嵌入共生网络结构洞 * 共生环境 * ~知识主体共生关系指数 * ~金融主体共生关系指数	0.1678	0.1003	0.9729		
	内部共生网络规模 * 嵌入共生网络规模 * ~嵌入共生网络结构洞 * 共生环境 * ~知识主体共生关系指数 * 金融主体共生关系指数	0.2012	0.0408	0.8576		
	内部共生网络规模 * ~内部共生网络聚类系数 * 嵌入共生网络规模 * 嵌入共生网络结构洞 * 共生环境 * 知识主体共生关系指数	0.1698	0.1096	0.8975		
	~内部共生网络规模 * 内部共生网络聚类系数 * ~嵌入共生网络规模 * ~嵌入共生网络结构洞 * 共生环境 * ~知识主体共生关系指数 * 金融主体共生关系指数	0.0956	0.0488	0.9167		
	内部共生网络规模 * 内部共生网络聚类系数 * ~嵌入共生网络规模 * 嵌入共生网络结构洞 * ~共生环境 * 知识主体共生关系指数 * 金融主体共生关系指数	0.0608	0.0227	0.8585		

注：~表示"非"。

其中，复杂解不包括逻辑余项，中间解包括符合理论，有意义的逻辑余项，简约解则纳入全部的逻辑余项。现有研究通常将复杂度适中的中间解作为后续分析解释的首选，本书与现有研究保持一致，根据中间解能保留必要条件的优势，选用中间解进行后续的分析与汇报。其相较于复杂解有一定的简化模型的作用，并且中间解能借助简约解确定核心条件和边缘条件。若某些条件同时出现在简单解中，则可认定该简约解包含的组态变量是核心变量，未出现在简约解中的则是边缘条件，利用这一做法进行分析有助于理解条件组合中的变量与结果变量之间的因果关系，明确区域创新生态系统实现高水平知识涌现的等效前因组态。

在模糊集定性比较分析中，一致性是指解决方案在多大程度上反映案例的集论关系；覆盖度是指方案的解释程度，反映解决方案能解释多少比例的案例结果。由表6.7可归纳出六条实现区域创新生态系统高水平知识涌现的路径，整体解决方案的一致性（Solution Consistency）为0.9189，整体解决方案的覆盖度（Solution Coverage）为0.7039，说明这六条实现知识涌现的组态路径解释了70.39%的案例，这六条路径中91.89%的区域创新生态系统的知识涌现较高，构建的模型解释力度强，可信程度高。而且，每个单独的解决方案的一致性水平均大于0.85，这说明区域创新生态系统知识涌现并非单一路径，这七种前因条件的组合构型都可以提升知识涌现，每个组合构型的唯一覆盖率是只能被该路径解释的样本覆盖度。从这六种共生要素的组合构型的整体情况来看，存在5~7个核心及边缘条件，每个构型中包括2~3个核心条件，这意味着虽然共生网络、共生关系和共生环境都对知识涌现有着非常重要的作用，但是无法单独导致高水平的区域创新生态系统知识涌现，必须相互作用与支持才能诱发高水平知识涌现，共生要素的多样化组合对于提升区域创新生态系统的知识涌现有着积极的作用，这意味着各区域创新生态系统可根据自身的实际情况自行配置共生要素，为不同共生条件下的知识涌现提供可供参考的路径建议。

为清晰表述区域创新生态系统知识涌现的前因条件组态，用实心圆点表示前因变量存在，空心叉表示该前因变量不存在，较大的符号●或⊗代表核心条件存在，较小的符号●或⊗代表边缘条件，空白则表示无影响，整理后的高水平知识涌现的前因条件组态如表 6.7 所示。在共生环境、共生关系和共生网络多个条件的复杂作用下，高水平知识涌现呈现出六种不同的路径。通过归纳，可将这六种导致区域创新生态系统知识涌现的组态分为三类：第一类是共生网络驱动型，包括 S1、S4、S6 三种组态，强调共生网络的驱动作用，通过覆盖度发现，超过半数的区域创新生态系统是以共生网络为驱动来提升知识涌现的；第二类是共生环境驱动型，包括 S2 和 S5 两种组态，强调共生环境的支持作用；第三类是共生网络与环境双轮驱动型，包括 S3 一种组态。从组态构型来看，组态中区域创新生态在共生关系方面表现不突出，只充当了知识涌现的辅助条件，在保障高水平的知识涌现具体构建哪种特征的共生网络上，不同组态有所差异。其中，每条路径相应的区域分布如表 6.8 所示。

表 6.7 高水平知识涌现的前因条件组态

条件组态	高水平知识涌现组态					
	S1	S2	S3	S4	S5	S6
内部共生网络规模	●	•	●	•	⊗	●
内部共生网络聚类系数	•			⊗	•	●
嵌入共生网络规模	•	•	•	●	⊗	⊗
嵌入共生网络结构洞	⊗	•	⊗	•	⊗	
共生环境		●	●		●	⊗
知识主体共生关系		⊗	⊗	•	⊗	
金融主体共生关系		⊗	•		•	
原始覆盖度	0.367647	0.167781	0.201203	0.169786	0.095588	0.060829
唯一覆盖度	0.187834	0.100267	0.040775	0.109626	0.048797	0.022727
一致性	0.892857	0.972868	0.85755	0.897527	0.916667	0.858491
总体解的覆盖度	0.7039					
总体解的一致性	0.9189					

注：●或⊗代表核心条件存在， •或⊗代表边缘条件，空白代表条件可能存在也可能不存在。

表6.8 高水平知识涌现的前因条件组态的区域分布

类型	路径	案例
共生网络驱动型	S1	上海，广东，山东，河南，浙江
	S4	北京，湖北，陕西
	S6	重庆
共生环境驱动型	S2	四川，江苏
	S5	江西
共生网络与环境双轮驱动型	S3	河南，安徽

组态 S1 表示，高内部共生网络规模和非高外部嵌入共生网络结构洞是高水平知识涌现的核心条件，高内部共生网络聚类系数、高外部嵌入共生网络规模和高共生环境为边缘条件的组态可产生高水平知识涌现，该组态的前因条件构型表明区域创新生态系统外部嵌入共生网络占据结构洞位置不多的情况下，主要通过较大的内部合作规模、较高的内部共生网络聚类系数、较高的外部嵌入共生网络规模和较高水平的共生环境来实现区域创新生态系统高水平知识涌现。组态 S1 这一路径覆盖了 36.76% 的高水平知识涌现的区域创新生态系统，它的唯一覆盖度为 0.1878，有 18.78% 的区域创新生态系统知识涌现仅能被这一路径解释。这一知识涌现因果路径覆盖的案例为上海、广东、山东、河南和浙江，未在外部嵌入共生网络中占据较多的结构洞位置是一种保持创新积极性的方法，不会在技术需要突破的时候倾向于寻求帮助，因此这些省份能在广泛的内、外部合作规模和集聚中保持知识创新潜力，增加知识创新的可能性，促进区域创新生态系统知识涌现。值得注意的是，在第五章实证分析共生网络对知识涌现的影响中，外部嵌入网络的结构洞对知识涌现有正向作用，这一结果是基于我国 30 个省份区域创新生态系统数据的平均值得到的，而在此章的分析中，研究表明在组态 S1 和组态 S3 中外部嵌入共生网络结构洞较低时辅以其他共生要素才会促进区域创新生态系统的知识涌现，这意味着尽管研究证明了结构洞的重要作用，但在关注具体案例的时候，当其他共生要素与外部嵌入共生网络结构洞同时存在时，占据外部嵌入共生网络结构洞程度对知识涌现呈现出较低的影响。

组态 S2 表示，高水平共生环境和非高共生关系作为核心条件而存在，内部共生网络规模和外部嵌入共生网络规模及结构洞为边缘条件。组态 S2 这条路径能解释 16.78% 的拥有高水平知识涌现的省级区域创新生态系统，且有 10.03% 的区域创新生态系统知识涌现仅能被这一路径解释。这一知识涌现因果路径覆盖的案例为四川和江苏，以江苏为代表，该省份有明显的共生环境优势，但也在知识主体和创新金融主体相互作用中呈现出较差的共生关系，在这种情况下，该省份需要辅以广泛的内部和外部嵌入共生网络规模才能保证知识涌现。

组态 S3 表示，高内部共生网络规模和高共生环境是核心条件，同时，非高外部嵌入共生网络结构洞和非高知识主体共生关系特征也十分明显，此时，辅以高外部嵌入共生网络规模和高金融主体共生关系为边缘条件的组态可产生高水平知识涌现。该组态的前因条件构型表明区域创新生态系统外部嵌入共生网络占据结构洞位置不多且知识主体间知识扩散情况较少的情况下，主要通过较大的内部合作规模和共生环境去实现区域创新生态系统高水平知识涌现。组态 S3 这一路径覆盖了 20.12% 的高水平知识涌现的区域创新生态系统，它的唯一覆盖度为 0.0408，有 4.08% 的区域创新生态系统知识涌现仅能被这一路径解释。这一知识涌现因果路径覆盖的案例为河南和安徽，这些省份由于未在外部嵌入共生网络中占据较多的结构洞位置不会在技术需要突破的时候倾向于寻求帮助，保持了较好的创新积极性，因此这些省份能在广泛的内、外部合作规模中保持知识创新潜力，增加知识创新的可能性，促进区域创新生态系统知识涌现。

组态 S4 表示，高外部嵌入共生网络规模和非高内部共生网络聚类系数是高水平知识涌现的核心条件，高内部共生网络规模、高外部嵌入共生网络结构洞、高共生环境和高知识主体共生关系为边缘条件的组态可产生高水平知识涌现。这一组态表明内部共生网络聚类系数不高的情况下，区域创新生态系统主要通过较大的外部嵌入合作规模，并辅以高内部共生网络规模、高外部嵌入共生网络结构洞和知识主体协调来实现区域创新生态系统高水平知识涌现。组态 S4 这一路径覆盖了 16.98% 的高水平知识涌现区域创新生态系统，它的唯一覆盖度为 0.109626，说明有 10.96% 的区域创新生态系统知识涌现仅能被这一路径解释。符合这一因果路径的区域创新生态系统包括北京、湖北和陕西。其中，北京除内部共生网络聚类系数小以外，在其他共生网络指标、共生关系及共生环境方面均具有明显优势；湖北省内部共生网络聚类系数小，但有突出的外部嵌入共生网络规模，这说明湖北省通过跨区域合作的知识交流扩展了该区域的知识宽度，有助于知识的重组和再创造。北京和湖北在内部共生网络聚类系数较小的情况下可以主要依靠外部嵌入共生网络规模来提升高知识涌现。

组态 S5 表示，高水平共生环境和非高共生关系为核心条件，高内部共生网络聚集程度、高金融主体共生关系、非高内部共生网络规模、非高外部嵌入共生网络规模和非高外部嵌入共生网络结构洞为边缘条件。组态 S5 这条路径能解释 9.56% 的拥有高水平知识涌现的省级区域创新生态系统，且有4.88% 的区域创新生态系统知识涌现仅能被这一路径解释。符合这一因果路径的区域创新生态系统以江西省为代表。江西的知识主体共生关系未能对知识涌现产生促进作用，企业与高校及研究机构在非正式合作中，整体的企业和大学之间的信息、知识交流强度不高，难以获得彼此的知识溢出。共生网络方面表现一般，合作规模和结构洞均较少，该省的知识涌现得益于优质的共生环境，这表明，江西的共生环境对知识涌现十分重要。扩大内、外部合作规模和结构洞并不适用于该区域创新生态系统，这是由于该省的知识吸收和转化能力有限，超出自身能力的合作即使增加了知识流动，但由于知识复杂程度过高，无法进行知识的重新组合与再创新，甚至还会消耗掉原本用于新知识创新的资源，阻碍知识涌现。

组态 S6 表示，高内部共生网络规模、高内部共生网络聚类系数和非高共生环境为核心条件，非高外部嵌入共生网络规模、高结构洞和高共生关系指数为边缘条件的组态可产生高水平知识涌现。这一组态表明共生环境不高的情况下，区域创新生态系统主要通过较大的内部合作规模、高内部共生网络聚类系数并结合较高的外部嵌入共生网络结构洞和主体高共生关系即能实现区域创新生态系统高水平知识涌现。组态 S6 这条路径覆盖了 6.08% 的拥有高水平知识涌现的省级创新生态系统，且它的唯一覆盖度为 0.0227，说明有 2.27% 的区域创新生态系统知识涌现仅能被这一路径解释。同其他组态相比，组态 S6 中强调了区域创新生态系统整体的聚类水平对知识涌现的作用，聚类水平高的合作网络往往存在核心知识创新主体，知识创新合作主体之间连接程度高、凝聚力强，增加了知识流动的效率和准确性，有助于知识涌现。符合这一因果路径的区域创新生态系统以重庆为代表，该系统的内部合作规模和内部共生网络聚类系数有明显优势，凭借着内部共生网络优势显著增加了知识碰撞产生新知识的机会，为知识涌现提供了基础。

2. 产生非高水平知识涌现的组态路径

本书还检验了区域创新生态系统产生非高水平知识涌现的组态路径，非高水平知识涌现的真值表如表 6.9 所示，非高水平知识涌现的前因条件组态如表 6.10 所示。

表 6.9　非高水平知识涌现真值表

内部网络规模	内部网络聚类系数	嵌入网络规模	嵌入网络结构洞	共生环境	知识主体共生关系指数	金融主体共生关系指数	非高知识涌现	原始一致性	PRI一致性	SYM一致性
0	0	0	0	0	1	0	1	1	1	1
0	1	0	1	0	1	0	1	1	1	1
0	1	0	0	0	1	1	1	1	1	1
0	0	0	0	0	1	1	1	0.9952	0.9917	1
0	0	0	1	0	0	0	1	0.9907	0.9882	0.9882
1	0	0	1	0	0	0	1	0.9899	0.9800	0.9800
0	0	0	1	0	0	1	1	0.9795	0.9659	0.9659
0	0	0	0	1	1	1	1	0.9535	0.7273	0.7273
0	1	0	1	0	0	1	0	0.9052	0.6667	0.8800
1	1	1	1	1	1	1	0	0.6888	0.4565	0.4701
0	1	0	0	0	0	0	0	0.9018	0.3333	0.4000
0	1	1	0	0	0	1	0	0.8265	0.3333	0.4857
1	1	0	1	0	1	1	0	0.5660	0.2459	0.2459

续表

内部网络规模	内部网络聚类系数	嵌入网络规模	嵌入网络结构洞	共生环境	知识主体共生关系指数	金融主体共生关系指数	非高知识涌现	原始一致性	PRI一致性	SYM一致性
1	1	1	0	1	1	1	0	0.4875	0.2099	0.2099
1	0	1	1	1	1	1	0	0.6264	0.1667	0.1667
0	1	0	0	1	0	1	0	0.5769	0.1646	0.1646
1	1	1	0	1	0	1	0	0.5964	0.1328	0.1589
1	0	1	0	1	0	1	0	0.4881	0.1313	0.1313
1	1	1	1	1	0	1	0	0.4031	0.0723	0.0723
1	0	1	1	1	1	0	0	0.5528	0.0632	0.0632
1	1	1	1	1	0	0	0	0.4000	0.0579	0.0579
1	1	1	0	1	0	0	0	0.4609	0.0438	0.0438
1	1	1	0	1	1	0	0	0.3045	0.0365	0.0365

表 6.10　非高水平知识涌现的前因条件组态

条件组态	非高水平知识涌现组态					
	NS1	NS2	NS3	NS4	NS5	NS6
内部共生网络规模		⊗	⊗	⊗	⊗	⊗
内部共生网络聚类系数	⊗	⊗	⊗	⊗	⊗	⊗
嵌入共生网络规模	⊗	⊗	⊗	⊗	⊗	⊗
嵌入共生网络结构洞	●	•	•	⊗	⊗	
共生环境	⊗	⊗	⊗	⊗		⊗
知识主体共生关系	⊗	⊗		●	•	●
金融主体共生关系	⊗		•	•	•	⊗
原始覆盖度	0.239362	0.285239	0.261968	0.174867	0.164894	0.103059
唯一覆盖度	0.027926	0.06117	0.114362	0.030585	0.026596	0.061835
一致性	0.989011	0.993056	0.997468	0.996212	0.972549	1
总体解的覆盖度	0.660239					
总体解的一致性	0.989044					

注：●或⊗代表核心条件存在，•或⊗代表边缘条件，空白代表条件可能存在也可能不存在。

由表 6.10 可知，共有 6 条组态路径（NS1、NS2、NS3、NS4、NS5、NS6）产生非高水平知识涌现，总体解的一致性为 0.9890，6 个非高水平知识涌现组态的一致性均大于 0.9，这说明这 6 个组态中共生要素的组合可作为充分条件解释区域创新生态系统的非高水平知识涌现。组态 NS1 和 NS2 表明，即使外部嵌入共生网络结构洞较多，若内部共生网络聚类系数、外部嵌入共生网络规模表现不佳，也无法实现区域创新生态系统的高水平知识涌现。组态 NS3 表明若内部共生网络聚类系数、外部嵌入共生网络规模表现不佳，即使该地区的外部嵌入网络结构洞指数和金融主体共生关系指数都高，也无法实现高水平知识涌现。组态 NS4 表明，即使知识主体共生关系为核心条件存在，金融主体关系也较好，但由于共生网络及共生环境较差，也无法实现高水平知识涌现。组态 NS5 表明当内部共生网络聚类系数和外部嵌入共生网络规模表现不佳时，即使知识主体关系和金融主体关系均较为优秀，也难以实现高水平知识涌现。组态 NS6 表明，知识主体共生关系指数高且涵盖丰富的结构洞，若存在其他方面共生网络缺陷、共生环境不佳、金融主体共生关系较差则无法实现区域创新生态系统的高水平知识涌现。

将这 6 个组态综合来看，在内部共生网络规模、内部共生网络聚类、外部共生网络规模、外部共生网络结构洞、知识主体共生关系、金融主体共生关系和共生环境的复杂作用下，非高水平知识涌现整体呈现出两种类型的组态，一种是单一要素类型，另一种是双要素类型，这两种类型是导致非高水平知识涌现的等效路径。单一要素类型中包含 NS1 和 NS2 两种组态，NS1 和 NS2 均以外部嵌入共生网络结构洞为边缘条件，这两个组态都仅包含一个共生要素指标，这说明区域创新生态系统仅在外部嵌入共生网络中占据结构洞无法有效促进知识涌现。双要素类型包含 NS3、NS4、NS5、NS6 四种组态，NS3 以金融主体共生关系和外部嵌入共生网络结构洞为边缘条件，NS4 和 NS5 这两个组态都仅包含两个共生要素指标，即以知识主体共生关系和金融主体共生关系为条件，其中 NS4 的知识主体共生关系为核心变量，这说明区域创新生态系统知识主体共生关系仅搭配金融主体共生关系无法提高知识涌现。另外，NS6 也证明了知识主体共生关系仅搭配外部嵌入网络结构洞也无法提高区域创新生态系统的知识涌现。

（二）稳健性检验

为了保证区域创新生态系统高水平知识涌现的稳健性，本书进行了两种方式的稳健性检验。马鸿佳等（2022）分别调整了频数阈值、一致性阈值和PRI阈值[338]，由于调整频数阈值的方式一般用于大样本案例分析，不适用于本书的30个案例数量的小样本案例分析，为确保产生高水平知识涌现的组态的稳健性，本书采用调整一致性阈值和PRI阈值的方法，首先参考董津津等（2022）的做法[339]，将一致性门槛由0.8调整为0.85，所得6条组态无变化，然后借鉴贾建锋等（2023）的研究[340]，将PRI阈值从0.7降低至0.65，影响高水平知识涌现的组态也没有发生变化，可证明本书共生要素组态效应对知识涌现的影响分析结果稳定可靠。

四、实证结果分析

知识涌现是区域创新生态系统发展的关键，如何优化共生环境促进知识涌现是研究关注的焦点。本书首先运用NCA和fsQCA结合的方式说明单个共生要素并不构成知识涌现的必要条件，单独共生要素对区域创新生态系统知识涌现的促进作用有限。根据NCA分析确定了知识涌现的瓶颈水平，区域创新生态系统要达到60%的知识涌现，至少需要内部共生网络规模、嵌入共生网络规模、共生环境及金融主体共生关系的共同作用才能产生高水平知识涌现。

基于共生要素组态框架，以我国30个省份区域创新生态系统进行共生要素的组态分析。各地共生资源具有多样性，存在多种基于共生要素的知识涌现实践路径。促进区域创新生态系统知识涌现有三类等效路径，第一类是包括S1、S4、S6三种组态的共生网络驱动型路径，第二类是包括S2、S5组态的共生环境驱动型路径，第三类是 S3 组态体现的共生网络和共生环境双轮驱动型路径。这说明我国各区域创新生态系统知识涌现并非单一路径，即使我国各区域在共生要素方面存在差异，不同共生要素的适当匹配均可殊途同归，可提高区域创新生态系统的知识涌现。值得注意的是，共生网络和共生环境单独驱动的等效类型也说明共生网络与共生环境在催生区域创新生态系统知识涌现时所发挥的作用是互补的，通过这一发现，各地区可根据自身共生要素的实际情况，选择适当的共生要素驱动模式，如在共生环境较为落后的区域，可优先选择根据已有的共生环境构建双层共生网络搭建知识交流渠道促进知识共享的方式实现知识涌现。区域创新生态系统非高水平知识涌现的共生要素组态也有 6 个，本书发现单要素和双要素类型的两类路径都导致了非高水平知识涌现的结果。共生网络结构洞的独立存在，以及知识主体共生关系仅搭配结构洞或金融主体共生关系无法实现知识涌现，知识主体共生关系搭配结构洞也不能实现高水平知识涌现。

五、本章小结

本章探究了区域创新生态系统知识涌现的必要条件，研究发现共生环境、知识主体共生关系、金融主体共生关系、内部共生网络规模、共生网络结构洞、嵌入共生网络结构洞和共生网络聚类系数均不是单独产生高水平知识涌现的必要条件；运用模糊集定性比较分析法（fsQCA），从组态视角出发探究区域创新生态系统共生要素的组态效应对知识涌现的影响。研究发现存在6 条驱动区域创新生态系统高水平知识涌现的路径，根据驱动因素将其归纳为共生环境驱动、共生网络驱动、共生关系和网络双轮驱动的共生要素组合类型。

第七章

促进区域创新生态系统知识涌现的对策与建议

根据共生要素对区域创新生态系统知识涌现影响效应的研究成果，可以发现区域创新生态系统知识涌现不仅需要依靠共生环境的支持，还需要协调创新主体的共生关系，同时，还依赖于基础共生单元通过合作构成的共生网络。整体来说，区域生态系统知识涌现的提升需要考虑共生环境、共生关系、共生网络三方面作为支撑，具体而言，我国 30 个以省际行政边界为划分的区域创新生态系统实现知识涌现的实现路径存在显著差异，需要根据各地区的知识涌现差异化驱动模式、根据实际情况合理配置共生要素，最大限度地发挥共生要素的优势。基于此，本章结合前文的研究成果，从共生环境、共生关系、共生网络以及三个共生要素的组态视角四个层面提出促进区域创新生态系统知识涌现的对策与建议，以期在当前知识经济时代背景下为中国区域创新生态系统知识涌现的提升提供理论基础与政策制定的依据，为推动区域创新生态系统发展蓄势赋能。

一、改善区域创新生态系统共生环境

（一）优化还原型共生环境

1. 提升工业化水平

工业化支撑着经济现代化过程，是推动知识创新和产业升级的巨大动力，随着生产方式的改进，既提升了生产效率还保证了产品质量，又凭借更为合理的产品价格提供了更多的市场需求，促进了各种行业之间的交流和合作，为区域创新生态系统提供了更多的知识创新机会。目前我国尚未真正实现工业化，整体来看，中国的工业企业由于缺乏核心技术、高端产品供给能力较低，大多处于全球价值链中低端，工业化发展在各区域创新生态系统中不平衡、不充分。相对于服务业而言，工业被某些地方政府看作是高污染、高能耗的产业，导致对工业发展的忽视，将目标直接对准服务业的发展，而制造业实际是服务业发展的重要支撑，在实施产业链升级战略中，绝不可以过早、过度地去工业化。

为加快推进新型工业化，走好中国特色工业化道路，要主动适应新时代新型工业化的基本规律，将实体经济与数字经济相结合，加快传统产业升级；以绿色发展理念为指导，更加注重环境保护和可持续发展，发展绿色低碳的工业化，把握新能源产业新机遇；坚持对外开放的工业化，通过出台支持政策提供贸易便利、鼓励跨境合作，并打造国内品牌知名度提升品牌效益的方式推进对外开放水平，加快推进工业化迈向全球价值链中高端；因地制宜推动发展各地区的工业化，根据各地区的资源禀赋，选择合适的发展重点，例如，在处于工业化中期阶段的东部沿海地区，应注重价值链攀升，发展国民经济的支柱产业和先导产业；而对刚刚完成由农业向工业过渡的西部地区来说，应打好基础改造传统产业，推进绿色的新型工业化。

2. 提升产业竞争力

国家在第一、第二产业发展到一定水平后，产业结构的重心逐渐向第三产业转移，第三产业增加值占 GDP 的比重的提高成为产业结构优化升级的重要标志。在我国产业结构水平较低的情况下，创新的驱动力相对薄弱，而在产业结构升级过程中，创新推动经济增长的作用逐渐增强。为了进一步推动创新对经济增长的推动作用，需要确保产业结构的优化升级。当前，我国服务业特别是现代服务业依旧发展缓慢，需要大力发展现代服务业带动产业转型，与第一、第二产业协调发展。一是要加快发展研发、设计、咨询、专利、品牌、物流、会展、科技服务、金融服务、信息服务等生产性服务业，优化营商环境，提高产业园区和办公园区布局的科学性、可操作性，发展以生产性服务业为支柱的现代服务业产业集群，发挥生产性服务业集约化服务效能；二是要进一步研究优化扶持政策，放宽服务市场准入门槛，减少对企业的行政审批，消除制约产业结构调整优化的体制性障碍，降低企业税赋标准，满足个性化的消费需求，清理整顿各项涉及行业许可的规章和规范性文件，规范审批许可行为，保证产业结构调整的顺利推进；三是要推进服务业重点项目建设，打造具有国际影响力的成功案例，建立产业结构调整优化的导向和依托；四是要构建协同高效的现代服务业监管体系，改善生活性服务业的服务品质，提高生活服务的精细程度与品质；五是要壮大龙头企业，引导国有企业主动作为，加快国有资本向关键领域和优势产业集中，形成企业群体的特色和规模，形成产业竞争力；六是要形成外向型经济的发展格局，加强和密切与跨国公司的联系与合作，完善服务业外商投资的法律法规政策体系，坚持国际化战略利用国外市场和国外资源发挥对外开放优势加快产业结构的调整和优化。

3. 完善知识产权保护机制

知识产权是解决科技成果转化的重要桥梁，是创新驱动发展的制度基础和力量之源。知识产权制度是激励创新的基本保障，建立严格的知识产权保护制度，发挥知识产权制度在创新驱动发展中的基础性作用。我国已成为名副其实的世界知识产权大国，但同时仍面临着一系列知识产权工作的问题，比如整体知识产权数量多但高质量知识产权数量不足、侵权易发多发、维权困难等问题直接影响创新热情。为建立完善的知识产权保护体系需要从以下两方面去努力：

一是加强法律法规建设。当前我国关于知识产权的法律分散在不同的部门和文件中，法律涉及的领域较广但十分分散，缺乏统一的法律体系。应积极完善知识产权法律体系，建设法治创新环境，更好地保护知识创新主体的合法权益，完善行政执法和司法保护两条途径优势互补的知识产权保护模式，当专利纠纷和技术争端无法用行政执法手段进行处理时，采用司法保护模式维护知识产权人的合法权利，保证合法权利不受侵犯。在更加公正合理的知识产权体系下，继续坚持"数量布局、质量取胜"的原则，培育更多高价值的专利。

二是着力加大知识产权执法力度。从各区域创新生态系统的知识产权保护水平来看，各省份之间最大的差异不是知识产权保护法律制度，而是知识产权保护执法力度。加大对知识产权侵权行为的惩治力度，落实赔偿制度能有效遏制侵权行为，同时，可增加企业向资金提供者披露研发项目信息的信心，减少信息不对称问题，解决企业研发的融资难题，还能减少研发溢出损失，使专利权人拥有应有的垄断专利权收益。为了切实改善区域创新生态系统的共生环境，充分发挥知识产权制度的效能，要切实加强知识产权保护的执法力度，通过提升各级法院以及地方知识产权局的执法水平，如加强法律制度的可操作性、加大知识产权侵权的惩罚力度等，激励知识创新主体不断进行高质量的创新活动，尤其是经济不发达的西部地区，政府更应该注重知识产权保护，进而促进整体技术创新水平的提升。

4. 完善环境规制

环境规制对区域创新的促进作用已得到广泛的验证，在拥有资源基础实力的地区，适当的环境规制措施有助于推动知识创新活动的有效开展，可对区域竞争力产生正面影响，环境规制的优化有助于促进知识创新的发展。现有的环境规制政策中，命令控制型环境规制具有强制性，在遵守较为苛刻的环保标准时，可能会限制知识创新的发展。由于资源禀赋、区位条件和经济基础等方面的不同，使得我国地区之间创新能力差异明显，可以适度根据区域资源和环境调整市场激励型环境规制政策，制定更加精准的政策，保证实施效果，地方政府可以通过制定专门的生态创新政策，例如，通过排污税、排污权交易、环境补贴等"激励型"环境规制工具给予技术创新更多的资金支持和政策扶持，通过减低减排成本来减轻企业的抵触心理，消除企业在治理投入与企业经营绩效提高之间的困境，使其主动遵循并施行环境规制，完成环境污染治理的目标，最终达到环境保护与知识创新的双赢状态。同时积极促进市场型和自愿型环境规制政策的发展，引导企业在知识研发、产品生产和销售的过程中贯彻生态环保的理念，以进一步完善环境规制政策体系，发挥柔性规制工具的作用，通过市场机制调节环境问题，提升区域创新主体的环保意识，并调动其环保技术创新的积极性。最后，通过会议、论坛等形式增加各地区的区域环境政策交流，促进区域环境政策协调发展。

5. 优化创新人才

知识创新需要人才，改革开放以来，我国在教育、科技、人才事业方面取得历史性成就，迈入创新型国家行列，技能人才总量超过 2 亿人，我国政府十分注重对技术人才的培养，并通过多项留学和海归优惠政策吸引海外创新型人才回国就业，助力国家发展。但我国当前基础科学的研究水平还有很大进步的空间，关键核心技术仍受制于发达国家，人才对高质量发展的支撑有待提升。在区域创新中，人是最具能动性的一种创新资源，这主要是由于隐性知识植根于个人的经验，难以通过编码进行完整的表述，人才是默会知识的重要载体，为隐性知识的转移提供了可能。目前的创新发展很大程度上取决于人才拥有的知识和技能，蕴含在个体中的隐性知识对知识的创新和发展具有重要作用，可通过人才形成创新优势。区域创新生态系统的知识涌现也会受到创新人才的数量、质量的影响。为了保证区域创新生态系统知识的涌现，要坚持人才引领驱动，加快建设人才强国。

地方政府应当完善人才供给制度。一是人才培养机制，为创新系统的发展着重培养一批战略科技人才、科技领军人才和青年人才，从教育做起，重视基础教育和高等教育，尤其是研究生教育培养创新型人才。加大经费支持，组建专业的学生研究团队，提高人才的知识水平和综合水平。二是人才引进机制和管理机制，人才引进是解决区域创新生态系统人才短缺问题的重要手段，通过人才引进提高城市知识资本存量，地方政府需要出台相关政策，引进创新人才形成结构合理的人才队伍。通过完善教育、医疗以及其他公共服务和基础设施建设，解决人才的后顾之忧，增强其归属感，从根本上吸引并留住人才。三是人才流动机制，对于区域而言人才流动是填补知识差距的有效方式，需要消除一切不利于人才发展和流动的体制性、机制性障碍，鼓励人才在区域内和区域间的流动，在一定程度上缓解区域创新资源的差异，打破行业壁垒，促进知识交流。

6. 打造创新载体

区域创新生态系统的创新载体主要包括信息基础设施和各类科技创新服务机构。在信息基础设施方面，信息基础设施是推进信息化、数字化、智能化的关键力量，可以协助打造多层次工业互联网平台。地方政府应在提供诸如融资以及其他相应政策支持的同时，加强信息设备生产部门的竞争，加大信息基础设施建设，对垄断企业进行规制，降低信息设备和信息服务的价格，使得其他知识创新的成本降低。

在科技创新服务体系层面，包含各类科技创新服务机构，如大学科技园、生产力促进中心、企业孵化器等平台，具有综合集成功能，创造了一个相互学习、共同进步的环境，能够支撑区域知识创新活动，加快成果转化。为使区域创新生态系统创新平台建设充分发挥作用，区域政府应将平台发展纳入地方中长期科技发展规划之中，具体而言，第一，要制定科学有效的平台发展战略，建立权责清晰、成果共享、风险共担的研发平台共用机制，支持科技型中小企业联合高等院校和科研院所围绕市场需求开展创新活动，不断提升高端创新平台的功能与水平，进一步加强对创新平台的监管，保障创新的质量和收益。第二，政府应通过制定有关支持平台建设的税收优惠、信贷支持等方面的优惠政策，吸引更多的创新主体加入平台建设中，有助于提高平台的竞争力。第三，合理规划区域内重点实验室、产业技术平台、孵化器、科技园区等各类科技创新平台的布局，使其相互协调，共同发展，更好地引领区域创新生态系统创新发展。

（二）提升支持型共生环境

1. 加大技术引进力度

中国长期以来主要通过开展国际技术引进增加国内技术有效供给，技术引进会引致国外先进技术向该地区集中，通过技术引进消化吸收再创新的"干中学"机制迅速积累知识创新要素，突破自身技术进步路径，实现技术进步的加速乃至赶超。

中国政府的对外技术引进鼓励政策亟须适当调整，针对创新相对落后状态的本土企业，有必要鼓励对外技术引进政策，政策着力点应该落在通过对外技术引进促进企业自主创新能力方面。对于创新前沿领域的企业，由于国外技术封锁，根本无法从国外购买到先进技术和核心创新成果，则要弱化甚至放弃对外技术引进鼓励政策，鼓励自主创新。技术引进也要根据工业结构优化而不断改进，消除技术引进的路径依赖，若与工业结构优化进程的不同步则会带来诸多问题。

另外，为提升技术引进的优势，除了要注意引进技术的规模和质量还需要全面提升技术消化吸收能力，必须全面加强引进技术的消化和吸收工作，真正发挥技术引进的作用，在技术引进的基础上实现二次创新，在较短时期内提高技术创新知识的积累速度，释放以往引进技术的潜能，尝试通过已有技术的消化再吸收提高地区知识创新能力。缩小与发达国家的技术差距，为自主创新奠定坚实的基础。

2. 积极引进外商投资

区域创新生态系统新知识的产生需要大量科技投入，必须解决资源不足对知识创新的限制。地方政府在寻求多渠道的创新资源投入时，应继续坚持积极引进外资政策，大力发挥通过外资产生国际知识溢出的作用，促进自主创新，利用外资引进技术则容易获得连续的、完备的知识体系，增加知识资本存量的效应较大，更有利于自主创新。

拓展外资渠道，加强从发达国家引进外资，改变 FDI 的来源结构，提高企业技术转让的总体水平。新形势下，利用外资引进技术要着力提高外资技术含量，引导外资投向重点领域，保证技术的先进性，并鼓励外资企业建立本土研发机构，引导外资融入国民经济循环，为外资企业创造更有吸引力的投资环境。

落实规定外资企业创造附加值的比例和提高外资企业进口中间投入品的关税等措施。其中，提高关税是为了鼓励外商投资企业在中国采购中间投入品，以促进中国国内产业链的发展。而规定外资企业创造附加值的比例则是为了确保外商投资企业在中国的经营活动能够为中国经济发展做出贡献。

为了吸引外资流入，本质上就是要营造开放公平的国际化的营商环境。全面实施平等对待包括外资企业在内的各类市场主体的计划，激发市场活力；主动公开政务信息，增强政府运作的透明度，简政放权，增加市场在资源配置中的作用，培育公平竞争、反对垄断的文化；加强同全球经贸规则的对接，适应并引领国际投资规则的高标准化发展，进一步扩大利用外资并提升利用外资质量。

二、协调区域创新生态系统共生关系

（一）协调创新金融实现创新保障

区域创新生态系统中创新金融资源主要包括政府资金、企业资金和金融机构提供的风险投资及银行贷款资金，政府、风险投资机构、金融机构的投资能与知识创新主体共同承担风险，创新金融资金的有效配置可以提升知识创新主体的创新知识存量。为确保资金的使用效率，金融机构应对投资项目、项目验收等方面进行评估，保证资金的安全性和收益性。通过制定投资项目的评估标准，对使用资金的主体进行经济控制与监督，共同制定专项资金使用办法，保证资金的使用效率，采取理性的投资策略，减少盲目与短期的资金配置行为，提高投资收益。企业则应积极将企业拥有的资金投入到知识研发当中，部分地区出现了易产生"产业空心化"的制造业金融化态势，应鼓励企业资源流向生产性部门，切忌将经济活动的重心转向金融部分，追求短期金融收益，削弱创新基础。政府的资金支持是资金导向的倡导机制与矫正补充机制，为发展需求量大、投资回收期长、风险高的重点产业或新兴产业，为了贯彻落实创新发展意图，政府可以建立一些官方或半官方的政策性金融机构以及政策性非金融机构，解决当前的融资困境。与此同时，国家也应出台政策，打通政府、企业、金融机构之间的数据孤岛，实现各方的数据共享；完善创新资金的监管措施，监督资金的流向及使用情况，并扩展信息披露的主体，应包括金融机构、信用平台、行业协会和政府部门等，为宏观决策提供直接信息，降低资金的风险。

虽然任何创新主体的个体目标不同，但其整体目标都是为知识创新提供充足的资金，实现创新发展此处根据第四章的研究结果，对不同区域创新生态系统采取差异化的金融保障方式。例如，在 C 省，政府尚未引领企业的投资方向，而政府对企业的促进作用并不能促进知识创新能力的提升，这意味着政府在引导企业投资时，应该更加注重企业的创新能力和市场需求，而不是仅仅关注投资规模。在 A 省，通过敏感性分析可知金融机构能发挥杠杆作用，加大企业的创新投资力度，可以显著提升知识创新存量，则应进一步发挥金融机构的调控机制，推动区域创新生态系统的知识创新。

（二）推动主体互利实现知识转移

区域创新生态系统的知识创新主体主要是企业、大学及研究机构。企业与研究机构之间由于知识的外部性形成了天然的共生关系，在市场渠道或者非市场渠道知识的扩散中完成了知识的转移。为推动知识创新主体互利实现知识转移，需要在异质性主体的交互中，形成知识关联，完成知识互通。通过上述异质性主体的外部交流，高校得以了解产业技术需求和市场需求，高校的科研知识有机会转化为落地的成果，进而创造经济利益；企业通过市场获取信息再与其他企业或高校形成交流，可以形成产品的升级或技术的完善，通过市场信息与企业知识的协同优化市场布局，改良研发生产方式。知识转移能力受到本身知识基础、人才储备与研究能力的影响，同时，主体间的多样化、多频次交流可以有效地促进知识转移。综上所述，为实现主体间的知识转移，一是要推动企业间的相互交流，企业与产业链上下游的企业直接合作也能有效地形成知识链条的补充，优化市场信息，完善管理制度。二是要推动产学研间的相互交流，通过异质性目标、多样性知识促进知识的转移。三是要提升知识清晰度，知识创新主体应特别关注于培养强大的值得信赖的组织关系，主动减少可扩散知识的模糊性和复杂性，防止限制知识的成功转移。

三、优化区域创新生态系统共生网络

（一）合理构建双层共生网络

共生网络是知识创新主体的共生界面，是知识汇聚、创造复杂知识的重要载体。通过分析内部共生网络和外部嵌入共生网络的结构和规模，本书发现各区域创新生态系统应重视共生网络构建对知识涌现的重要性，双层共生网络规模和结构并不是总能促进知识涌现。在网络特征变化中，创新主体管理者要积极改善区域内部及外部共生网络的规模和结构，重视区域社会资本的培育，促进知识共享。根据第五章的实证结果，提出以下四点具体的共生网络构建建议，引导知识创新主体积极调整共生网络布局，保证区域创新生态系统的知识涌现。

一是要加大内部共生网络规模。当前我国各区域创新生态系统的内部共生网络节点数量情况各异，构建内部共生网络初期由于没有对潜在合作伙伴的有效识别及知识创新方向的洞察力缺失，不得不承受知识创新带来的风险和成本，但随着内部共生网络的持续构建，积累了一定的经验，到一定程度以后，内部共生网络规模开始促进知识涌现的产出，知识异质性和多样化程度促进了知识的融合，是在区域范围内寻求互补资源和解决问题最佳解决方案的必要选择，为知识涌现提供了更多的可能，此时，要不断增加共生网络的有利条件，吸引更多的企业、大学和研究机构加入共生网络，建立组织间知识连接的界面，实现创新要素在基础共生单元之间的共享和新知识的共同创造。

二是要把控内部共生网络紧密程度。共生界面经由优质网络结构实现创新增效，这启示在构建内部共生网络时，应关注网络的紧密程度，要保持适度而不要过度，管理者应从动态的角度综合考虑系统内部共生网络的结构并及时调整。一方面，应当加快建设示范性企业，鼓励基础共生单元与核心组织建立紧密的连接，聚集研发方向类似的基础共生单元，通过知识的共享和渗透获取对方的关键信息，优化自身知识、补充知识短板，更高效地促进区域创新生态系统的知识涌现。另一方面，要均衡知识创新基础共生单元的共生合作情况，避免局部过度紧密而整体分散的现象。对完全依赖于核心基础单元、冗余的合作关系造成了边缘组织的知识固化，其知识结构与核心主体逐渐趋同，管理者应进行宏观调控，保持内部共生网络聚类情况的适度状态，鼓励扩大基础共生单元的知识探索范围，对已有知识进行重新组合，引导其建立更多元的共生界面，提高区域创新生态系统的知识涌现能力；同时给予核心组织更多的优惠政策，激发创造新知识的欲望，持续进行知识重组，加速转型升级，实现远景目标。

三是要把控嵌入规模，提升知识吸收能力。区域创新生态系统打破行政边界建立跨区域的共生网络是加强产业联动、实现知识快速流动的机会，目前来看，我国区域创新生态系统外部嵌入网络规模的扩大尚未有效促进知识涌现。管理者应特别注意控制合作规模，及时调整合作战略避免盲目合作，管理人员应做好充分准备，应对过度嵌入外部网络可能造成的后果。管理者应该意识到当前外部嵌入规模对知识涌现的抑制作用与区域创新系统的知识吸收、整合能力有所缺失相关，这意味着区域创新生态系统在加深对外开放中若想充分利用外部嵌入共生网络实现知识涌现，需要制订匹配外部嵌入的知识吸收能力提升计划，提升自身知识吸收能力才能将获取到的前沿信息和知识进行消化和再创作。这就要求各区域注重对知识吸收能力的培养，各区域政府要积极提升人力资本水平，创建多个人才共享平台、人才培训基地和教育中心，打造人才聚集高地，发挥高级知识人才在区域创新生态系统中的重要作用，推进区域吸收能力的增强，以缓解外部嵌入造成的资源挤占对知识涌现的抑制作用。

四是要提升在外部嵌入共生网络中的地位。由于新知识的产生日益复杂，社会资本成为知识涌现的重要前提。区域创新生态系统应当评估其在外部嵌入共生网络中所处的网络位置，制定特色化发展方式以充分发挥其在外部嵌入共生网络中的位置优势。为培育优质社会资本，区域创新生态系统中的企业或者研究机构应该主动找到未被充分利用的空缺，并尝试占据跨区域合作中的结构洞，成为联系两端节点的中间人，打破区域界限，接触更多异质性知识，这就需要扩展不同行业、不同联盟间的合作关系，捕捉更多的创新机会，占据信息控制位置，重塑已有的共生网络。在占据结构洞以后，根据掌握的更全面更新的信息，把握好机遇，完成具有挑战性的知识创新，借助桥梁位置的优势高效传递创新资源，为其他相联系的区域创新生态系统提供知识价值，利用互惠效应提升信任度，在提升自身知识涌现的同时实现与其他区域创新生态系统的共赢。

（二）关注内部合作知识基础

区域内部的网络知识属性关系到利用外部嵌入共生网络实现知识涌现，内部合作知识基础是外部嵌入网络发挥规模和结构效应的情境变量，实证研究发现，当前各地区内部共生网络形成的合作知识宽度和合作知识深度的增加不会使外部嵌入共生网络因规模发生变化而促进知识涌现。应根据创新发展阶段的不同选择企业和研究机构适合的研发模式，采取有针对性的知识搜索措施，提升区域创新生态系统知识涌现。例如，在一个企业创新发展的初期阶段，需要快速建立知识体系，这时需要充分获取其他组织的知识共享，在众多知识领域中获取知识，增加知识的多样性，加宽知识基础，快速地将自身所拥有的知识进行重组；而在企业创新发展的成熟期，已经掌握大量知识以后，则应重视产业链深度合作，加深知识的挖掘，辩证地从外部获取创新知识和技术，着重增加知识基础深度。对于前瞻性市场导向的企业应侧重加深合作知识的深度，深耕细作，更有助于将知识应用在不同的行业中，保证知识涌现的可持续性。另外，需要关注系统整体的内部合作基础情况，防止过度关注内部合作而导致跨区域创新欲望的降低，提升跨区域合作产生知识涌现的可能。

四、合理配置区域创新生态系统共生要素组合

（一）弥补共生要素短板

区域创新生态系统的知识涌现不应仅依靠某一种共生要素的支持，而应该是共生环境、共生关系、共生网络层面相互协调共同达成的结果，单独共生要素对知识涌现的作用固然有效，但从具体案例出发，单独层面的共生要素不具备独立制胜的能力。区域创新生态系统的知识涌现情况具有差异性特征，不同省份的发展目标、创新需求和产业重点发展方向等方面有很大差异。关注实现知识涌现的所需条件，充分考虑当地的共生要素优势，立足于当前的共生要素情况，选取与区域创新生态系统相匹配的共生要素发展路径，在某方面共生要素发展不成熟时，应通过合理地调适使其他共生要素水平进行平衡，才能得到理想的知识涌现情况。根据第六章的研究结果，结合产生非高水平知识涌现的组态路径，应避免共生网络结构洞的独立存在，以及知识主体共生关系仅搭配结构洞或金融主体共生关系、知识主体共生关系搭配结构洞的共生要素组合方式；结合能产生高水平知识涌现的共生要素组态理论，提出以下弥补短板的共生要素组合提升策略：

（1）共生网络驱动。双层共生网络是区域创新生态系统汇集知识的重要方式，是组态路径 1、路径 4 和路径 6 的核心条件。若占据结构洞位置会消耗大量资源，则应把共生网络的重点放在内部共生网络的构建中；若内部基础共生单元的集聚程度过高造成了知识的同质性，则应大力发展外部嵌入规模，提高获取异质性知识的可能，发挥共生网络的优势促进知识涌现；在共生环境较为落后的区域，可以利用共生网络的互补性来弥补共生环境较差的短板，优先选择发展内部共生网络，搭建知识交流渠道，以促进知识涌现。

（2）共生环境驱动。共生环境是激发创新意愿、提供知识创新动力的要

素，是组态路径 2 和路径 5 的唯一核心条件。这表明在知识创新主体共生关系较差的情况下，知识创新主体难以通过共生关系获得知识的扩散和转移，此时需要加强共生环境的构建，营造良好的知识创新氛围，并发挥好共生网络在知识共享方面的辅助功能，扬长避短。

（3）共生网络和共生环境双轮驱动。共生网络和共生环境是组态路径 3 的核心条件。若部分地区难以通过共生关系获得知识的扩散和转移，且无法在跨区域合作中占有有利位置，则应致力于发展共生环境增加知识创新意愿，扩大基础单元建立合作关系的规模，发挥共生网络规模效应及环境效应，弥补嵌入共生网络位置较差和知识主体共生关系较弱的短板。

（二）落实共生要素功能

当前，我国科技实力已经实现跨越式发展，为进一步向科技强国的目标前进需要持续创新，区域创新生态系统的共生是实现国家战略的重要手段。为使国家知识创新实现质的飞跃，区域创新生态系统知识创新主体应立足自身优势，充分感知市场环境变化，洞察变革机遇与趋势，瞄准前沿领域，加强在人工智能领域、生物技术等前沿领域的研究和探索，充分发挥前沿领域的潜力。集中力量加强关键技术的攻克，积极找寻跨越核心技术的知识创新方案推动知识涌现，占领国际优势。

进一步以提高科技金融投入为知识创新的支撑力，实现多维度、多层次资金支持。政府应大力发展多层次资本市场，为企业、大学和研究机构提供充足的研发资金。建立规范完善的金融市场体系，提高市场机制对金融资源的配置效率，充分发挥金融资本的投资功能，提高资金的使用效率。优化银行信贷资源配置，提升风险防控机制，消除对民营和中小企业的信贷歧视，促进各类型企业的公平发展，解决极具创新活力的民营企业知识创新融资难题。政府加快财政税收方面的改革，对于完成知识产出的创新主体给予税收优惠等政策倾斜，稳定创新主体的资金波动，激发区域创新生态系统的创新活力，从根本上促进知识涌现。

区域协调发展战略指出区域创新生态系统的发展应追求相对平衡，在不平衡中开展差异化发展路径。其中最重要的是要根据各地区的区位优势和资源禀赋挖掘潜在的知识创新机会，避免区域间盲目模仿成功案例，而是鼓励各地区对自身的研发条件进行合理的评估，制订合理的知识优先发展计划，在已有的知识领域基础上建立独特的相对优势。落实智慧专业化政策更有助于各区域创新生态系统获得长久的知识创新动力，有助于更好地实现各地区共生要素的功能。

五、本章小结

本章根据共生要素对知识涌现影响的实证研究结果，从改善区域创新生态系统共生环境、协调区域创新生态系统共生关系、优化区域创新生态系统共生网络以及合理配置区域创新生态系统共生要素组合四个方面提出了促进知识涌现的对策与建议，本书旨在推动区域创新生态系统共生发展，提升知识涌现。

结　论

在我国深入实施创新驱动发展战略，加快高质量发展的背景下，促进区域创新生态系统的知识涌现是提升创新体系效能的关键。区域创新生态系统作为区域创新系统的新形态，内部复杂的共生特征能够为区域创新生态系统带来显著的知识创新优势，对于实现区域创新生态系统的知识涌现具有重要意义。本书从共生视角出发，对区域创新生态系统共生要素和知识涌现的影响进行了深入的研究。首先，本书对相关领域的国内外研究现状进行了回顾与评述，基于已有研究给出了区域创新生态系统知识涌现和共生要素的相关概念，结合相关理论构建了研究框架。其次，利用耗散结构理论对区域创新生态系统的共生环境进行了指标体系构建和测度，根据测度结果分析了共生环境对知识涌现的影响；再以系统动力学仿真分析法揭示了共生关系对知识涌现的影响机理；并基于社会网络理论明晰了区域创新生态系统的双层共生网络对知识涌现的影响作用；整合区域创新生态系统的共生环境、共生关系、共生网络三个层面的共生要素，明确了区域创新生态系统知识涌现共生要素前因条件的组态路径。最后，提出了基于共生要素促进知识涌现的对策和建议。本书主要得出以下结论：

（1）通过测算共生环境的熵值发现，我国区域创新生态系统共生环境整体呈现东高西低的特征，东部地区共生环境的熵值明显低于其他地区，存在明显的共生环境优势，广东和江苏存在绝对的优势，山东、浙江和北京的优势也较为明显，其余大多数区域创新生态系统的共生环境发展潜力较大。通过负二项回归分析了共生环境与区域创新生态系统知识涌现的线性关系和非线性关系，研究发现共生环境对知识涌现的影响不是单纯的正向线性关系，区域创新生态系统共生环境对知识涌现的影响存在单一门槛效应，门槛值左侧存在极少数区域共生环境尚未促进知识涌现的现象。

（2）基于种群竞争 Lotka-Volterra 模型构建了区域创新生态系统共生关系对知识涌现影响的系统动力学模型，将区域创新生态系统划分为知识创新子系统和创新金融子系统，知识涌现来源于两个子系统的良性循环。两个子系统中分别存在着知识创新主体之间的共生关系，以及创新金融主体的共生关系。从共生关系情境的仿真分析来看，企业与学研机构的共生关系对知识涌现的作用较大，共生关系的变化显著影响知识涌现，知识创新主体之间的共生关系效应要显著高于创新金融主体的共生关系效应，积极改善种群之间的共生关系能在实践中促进区域创新生态系统知识的涌现。

（3）区域创新生态系统存在双层共生网络为知识共享提供界面，从内、外部双层网络视角，分别探究知识创新基础共生单元在区域创新系统内部合作网络与跨区域合作网络的结构及规模对区域创新系统知识涌现的影响。从共生网络与知识涌现关系的检验结果来看，内部共生网络规模与知识涌现呈显著的"U"形关系；内部共生网络聚类系数与知识涌现之间呈倒"U"形关系；外部嵌入共生网络规模负向影响知识涌现；外部嵌入网络结构洞正向影响知识涌现。此外，从内部合作知识基础的调节作用来看，合作知识宽度和合作知识深度会加强外部嵌入共生网络规模对知识涌现的负向影响。

（4）区域创新生态系统知识涌现的影响因素存在组态效应。共生环境、共生关系、共生网络对区域创新生态系统知识涌现的单独促进作用有限，并不构成高水平知识涌现的必要条件。促进区域创新生态系统知识涌现有三类等效路径，分别是共生网络驱动型、共生环境驱动型、共生网络及环境双轮驱动型。不同共生要素的匹配均可实现区域创新生态系统高水平知识涌现，为各区域创新生态系统的共生要素发展提供了多种选择。根据非高水平知识涌现的两类共生要素组态路径，单独共生要素和双共生要素存在均无法实现高水平知识涌现。

尽管本书详细地探究了区域创新生态系统共生要素对知识涌现的影响，形成了区域创新生态系统知识涌现研究的理论框架，扩展了相关领域的研究，并从共生要素角度提出了促进知识涌现的对策建议，但不可避免地存在不足之处，具体体现在以下两个方面：

（1）本书只分析了共生环境、共生关系、共生网络三种共生要素对区域创新生态系统知识涌现的影响，当前共生要素的概念不断扩大，知识涌现会受其他共生要素的影响。未来研究可以更全面地考虑区域创新生态系统共生要素对知识涌现的影响。

（2）在区域创新生态系统共生要素组态效应对知识涌现的影响研究中，由于受到研究方法的限制，采用截面数据进行了研究，本书仅静态地探讨了知识涌现前因条件的复杂机制，未来研究可进一步引入时序 QCA 深入探讨共生要素之间的复杂相互作用对知识涌现的影响情况。

参考文献

［1］ Balland P A. Proximity and the evolution of collaboration networks: Evidence from research and development projects within the global navigation satellite system（GNSS）·industry［J］. Regional Studies, 2012, 46（6）: 741-756.

［2］ Ankrah S, Al-Tabbaa O. Universities-industry collaboration: A systematic review［J］. Scandinavian Journal of Management, 2015, 31（3）: 387-408.

［3］ Harmaakorpi V, Melkas H. Knowledge management in regional innovation networks: The case of Lahti, Finland［J］. European Planning Studies, 2005, 13（5）: 641-659.

［4］ 赵志耘, 杨朝峰. 创新范式的转变: 从独立创新到共生创新［J］. 中国软科学, 2015（11）: 155-160.

［5］ Adner R, Kapoor R. Value creation in innovation ecosystems: How the structure of technological interdependence affects firm performance in new technology generations［J］. Strategic Management Journal, 2010, 31（3）: 306-333.

［6］ Carayannopoulos S, Auster E R. External knowledge sourcing in biotechnology through acquisition versus alliance: A KBV approach［J］. Research Policy, 2010, 39（2）: 254-267.

［7］ 涂振洲, 顾新. 基于知识流动的产学研协同创新过程研究［J］. 科学学研究, 2013, 31（9）: 1381-1390.

［8］ Chesbrough H. Open business models: How to thrive in the new innovation landscape［M］. Harvard Business Press, 2006.

［9］ Freeman R, Freeman C, Freeman S. Technology, policy, and economic performance: lessons from Japan［M］. Burns & Oates, 1987.

［10］ Cooke P. Regional innovation systems: Competitive regulation in the new Europe［J］. Geoforum, 1992, 23（3）: 365-382.

［11］ Nelson R R. National innovation systems: A comparative analysis［M］.

Oxford University Press on Demand，1993.

［12］Lundvall B. Towards a theory of innovation and interactive learning ［M］. New York：Pinter，1992.

［13］李钟文. 硅谷优势：创新与创业精神的栖息地 ［M］. 北京：人民出版社，2002.

［14］安纳利·萨克森宁. 地区优势：硅谷和 128 公路地区的文化与竞争 ［M］. 曹蓬，杨宇光，等译. 上海：上海远东出版社，1999.

［15］王璐瑶，曲冠楠，ROGERS JUAN. 面向 "卡脖子" 问题的知识创新生态系统分析：核心挑战、理论构建与现实路径 ［J］. 科研管理，2022，43（4）：94-102.

［16］黄鲁成. 区域技术创新生态系统的特征 ［J］. 中国科技论坛，2003（1）：23-26.

［17］Russell M G，Still K，Huhtamäki J，et al. Transforming innovation ecosystems through shared vision and network orchestration：Proceedings of the Triple Helix Ⅸ International Conference：Silicon Valley：global model or unique Anomaly? ［R］. Stanford University，H-STAR Institute Center for Innovation and Communication，2011.

［18］欧忠辉，朱祖平，夏敏，等. 创新生态系统共生演化模型及仿真研究 ［J］. 科研管理，2017，38（12）：49-57.

［19］李晓娣，张小燕. 我国区域创新生态系统共生及其进化研究——基于共生度模型、融合速度特征进化动量模型的实证分析 ［J］. 科学学与科学技术管理，2019，40（4）：48-64.

［20］Zmiyak S S，Ugnich E A，Taranov P M. Development of a regional innovation ecosystem：The role of a pillar university ［M］//Growth poles of the global economy：Emergence，changes and future perspectives. Springer，2020：567-576.

［21］唐开翼，欧阳娟，甄杰，等. 区域创新生态系统如何驱动创新绩效? ——基于 31 个省市的模糊集定性比较分析 ［J］. 科学学与科学技术管

理，2021，42（7）：53-72.

［22］蔡杜荣，于旭. "架构者"视角下的区域创新生态系统形成与演化——来自珠海高新区的经验证据［J］. 南方经济，2022（3）：114-130.

［23］贺团涛，曾德明. 知识创新生态系统的理论框架与运行机制研究［J］. 情报杂志，2008（6）：23-25.

［24］刘志峰. 区域创新生态系统的结构模式与功能机制研究［J］. 科技管理研究，2010，30（21）：9-13.

［25］郁培丽. 产业集群技术知识创新系统演化阶段与路径分析［J］. 管理学报，2007（4）：483-487.

［26］Bramwell A，Hepburn N，Wolfe D A. Growing innovation ecosystems：University-industry knowledge transfer and regional economic development in Canada［R］. Final Report to the Social Sciences and Humanities Research Council of Canada，2012.

［27］陈瑜，谢富纪. 基于 Lotka-Voterra 模型的光伏产业生态创新系统演化路径的仿生学研究［J］. 研究与发展管理，2012，24（3）：74-84.

［28］Song J. Innovation ecosystem：Impact of interactive patterns，member location and member heterogeneity on cooperative innovation performance［J］. Innovation，2016，18（1）：13-29.

［29］Davis J P. The group dynamics of interorganizational relationships：Collaborating with multiple partners in innovation ecosystems［J］. Administrative Science Quarterly，2016，61（4）：621-661.

［30］Tamayo-Orbegozo U，Vicente-Molina M，Villarreal-Larrinaga O. Eco-innovation strategic model. A multiple-case study from a highly eco-innovative European region［J］. Journal of Cleaner Production，2017（142）：1347-1367.

［31］Gamidullaeva L. Towards combining the innovation ecosystem concept with intermediary approach to regional innovation development：MATEC Web of Conferences［C］. EDP Sciences，2018.

［32］Radziwon A，Bogers M. Open innovation in SMEs：Exploring inter-organizational relationships in an ecosystem［J］. Technological Forecasting and Social Change，2019，146：573-587.

［33］Ott H，Rondé P. Inside the regional innovation system black box：Evidence from French data［J］. Papers in Regional Science，2019，98（5）：1993-2026.

［34］Lopez F J D，Bastein T，Tukker A. Business model innovation for resource – efficiency，circularity and cleaner production：What 143 cases tell us［J］. Ecological Economics，2019，155：20-35.

［35］李柏洲，王雪，薛璐绮，等. 战略性新兴产业创新网络形成机理研究［J］. 科研管理，2022，43（3）：173-182.

［36］张妍，任新茹. 医药制造企业创新生态系统的演化机理研究［J］. 研究与发展管理，2022，34（2）：91-102.

［37］孙丽文，李跃. 京津冀区域创新生态系统生态位适宜度评价［J］. 科技进步与对策，2017，34（4）：47-53.

［38］姚远. 基于累积前景理论的区域创新生态位适宜度灰靶评价研究［J］. 数学的实践与认识，2019，49（19）：112-120.

［39］解学梅，刘晓杰. 区域创新生态系统生态位适宜度评价与预测——基于 2009 - 2018 中国 30 个省市数据实证研究［J］. 科学学研究，2021，39（9）：1706-1719.

［40］Iansiti M，Levien R. Strategy as ecology［J］. Harvard Business Review，2004，82（3）：68-78，126.

［41］苗红，黄鲁成. 区域技术创新生态系统健康评价研究［J］. 科技进步与对策，2008（8）：146-149.

［42］姚艳虹，高晗，昝傲. 创新生态系统健康度评价指标体系及应用研究［J］. 科学学研究，2019，37（10）：1892-1901.

［43］李晓娣，饶美仙，巩木. 基于变化速度特征视角的我国区域创新生态系统健康性综合评价［J］. 华中师范大学学报（自然科学版），2021，55（5）：696-705.

［44］范德成，谷晓梅．高技术产业技术创新生态系统健康性评价及关键影响因素分析——基于改进熵值－DEMATEL－ISM 组合方法的实证研究［J］．运筹与管理，2021，30（7）：167-174．

［45］张瑶，张光宇．区域数字创新生态系统的健康性评价及预警研究［J］．软科学，2023，37（5）：24-30．

［46］胡彪，付业腾．天津市创新生态系统协调发展水平测度与评价［J］．价值工程，2015，34（32）：18-20．

［47］Cai B，Huang X. Evaluating the coordinated development of regional innovation ecosystem in China［J］. Ekoloji，2018，27（106）：1123-1132．

［48］何向武，周文泳．区域高技术产业创新生态系统协同性分类评价［J］．科学学研究，2018，36（3）：541-549．

［49］郝英杰，潘杰义，龙昀光．区域创新生态系统知识能力要素协同性评价——以深圳市为例［J］．科技进步与对策，2020，37（7）：130-137．

［50］廖凯诚，张玉臣，杜千卉．中国区域创新生态系统动态运行效率的区域差异分解及形成机制研究［J］．科学学与科学技术管理，2022，43（12）：94-116．

［51］刘志春，陈向东．科技园区创新生态系统与创新效率关系研究［J］．科研管理，2015，36（2）：26-31．

［52］苏屹，刘敏．高技术企业创新生态系统可持续发展机制与评价研究［J］．贵州社会科学，2018（5）：105-113．

［53］吕晓静，刘霁晴，张恩泽．京津冀创新生态系统活力评价及障碍因素识别［J］．中国科技论坛，2021（9）：93-103．

［54］张卓，曾刚．我国区域创新生态系统可持续发展能力评价［J］．工业技术经济，2021，40（11）：38-43．

［55］Adner R. Match your innovation strategy to your innovation ecosystem［J］. Harvard Business Review，2006，84（4）：98．

［56］孙冰，徐晓菲，姚洪涛．基于 MLP 框架的创新生态系统演化研究［J］．科学学研究，2016，34（8）：1244-1254．

［57］李万，常静，王敏杰，等．创新 3.0 与创新生态系统［J］．科学学研究，2014，32（12）：1761-1770.

［58］Bar-Yam Y，McKay S R，Christian W. Dynamics of complex systems（Studies in nonlinearity）［J］. Computers in Physics，1998，12（4）：335-336.

［59］郭淑芬．基于共生的创新系统研究［J］．中国软科学，2011（4）：97-103.

［60］温兴琦，黄起海，DAVID BROWN. 共生创新系统：结构层次、运行机理与政策启示［J］．科学学与科学技术管理，2016，37（3）：79-85.

［61］胡海，庄天慧．共生理论视域下农村产业融合发展：共生机制、现实困境与推进策略［J］．农业经济问题，2020（8）：68-76.

［62］王卓．基于创新生态系统的产业联盟协同创新机制研究［D］．哈尔滨理工大学博士学位论文，2020.

［63］杨剑钊．高技术产业创新生态系统运行机制及效率研究［D］．哈尔滨工程大学博士学位论文，2020.

［64］王德起，何晶彦，吴件．京津冀区域创新生态系统：运行机理及效果评价［J］．科技进步与对策，2020，37（10）：53-61.

［65］Li W，Gao H. Symbiosis mechanism of academic journals and discipline construction in chinese colleges［J］. Discrete Dynamics in Nature and Society，2021：1-8.

［66］史欢．众创空间创业生态系统共生机制研究［D］．江苏大学博士学位论文，2022.

［67］胡浩，李子彪，胡宝民．区域创新系统多创新极共生演化动力模型［J］．管理科学学报，2011，14（10）：85-94.

［68］Li F，Mao J. The dynamic evolution study of technology symbiosis：2015 international conference on management science and innovative education，［R］. Atlantis Press，2015.

［69］曹如中，史健勇，郭华，等．区域创意产业创新生态系统演进研究：动因、模型与功能划分［J］．经济地理，2015，35（2）：107-113.

［70］刘平峰，张旺．创新生态系统共生演化机制研究［J］．中国科技论坛，2020，1（2）：17-27.

［71］武翠，谭清美．长三角一体化区域创新生态系统动态演化研究——基于创新种群异质性与共生性视角［J］．科技进步与对策，2021，38（5）：38-47.

［72］杨力，尚超，杨建超．共生理论视角下区域创新生态系统演化特征研究［J］．科技进步与对策，2023，40（11）：71-81.

［73］叶斌，陈丽玉．基于网络 DEA 的区域创新网络共生效率评价［J］．中国软科学，2016（7）：100-108.

［74］李晓娣，张小燕，尹士．共生视角下我国区域创新生态系统发展观测——基于 TOPSIS 生态位评估投影模型的时空特征分析［J］．运筹与管理，2020，29（6）：198-209.

［75］王跃婷．创新生态系统共生水平评价与区域创新格局研究［J］．科技和产业，2022，22（5）：346-354.

［76］靖鲲鹏，徐伟志，宋之杰．进化视角下京津冀区域创新生态系统共生度及对策研究——与长三角地区的对比分析［J］．燕山大学学报（哲学社会科学版），2022，23（1）：80-87.

［77］Artz G. Innovation system symbiosis：The impact of virtual entrepreneurial teams on integrated innovation and regional innovation systems［J］. Integrating Innovation：South Australian Entrepreneurship Systems and Strategies，2015（94）：91-116.

［78］张司飞，王琦．"同归殊途"区域创新发展路径的探索性研究——基于创新系统共生体理论框架的组态分析［J］．科学学研究，2021，39（2）：233-243.

［79］刘家树，石洪波，齐昕．创新链与资金链融合的路径研究——基于区域创新生态系统共生理论框架的组态分析［J］．科学管理研究，2022，40（1）：153-161.

［80］Drucker P. Post-capitalist society［M］. Post-Capitalist Society，2012.

［81］Koskela－Huotari K, Edvardsson B, Jonas J M, et al. Innovation in service ecosystems—Breaking, making, and maintaining institutionalized rules of resource integration ［J］. Journal of Business Research, 2016, 69（8）: 2964-2971.

［82］Hannan M T, Freeman J H. The population ecology of organizations ［J］. American Journal of Sociology, 1977, 82（5）: 929-964.

［83］田善武, 许秀瑞. 基于共生演化理论的区域创新系统演化路径分析 ［J］. 未来与发展, 2019, 43（10）: 36-39.

［84］刘平峰, 张旺. 创新生态系统共生演化机制研究 ［J］. 中国科技论坛, 2020（2）: 17-27.

［85］张影, 高长元, 王京. 跨界创新联盟生态系统共生演化模型及实证研究 ［J］. 中国管理科学, 2022, 30（6）: 200-212.

［86］王缉慈. 知识创新和区域创新环境 ［J］. 经济地理, 1999（1）: 12-16.

［87］Burt R S. Structural holes: The social structure of competition ［M］. Structural Holes: The Social Structure of Competition, 1992.

［88］Wang P. An integrative framework for understanding the innovation ecosystem ［J］. Advancing the Study of Innovation and Globalization in Organizations, 2009: 301-314.

［89］Shapiro M A, So M, Woo Park H. Quantifying the national innovation system: Inter－regional collaboration networks in South Korea ［J］. Technology Analysis & Strategic Management, 2010, 22（7）: 845-857.

［90］Fritsch M, Kauffeld－Monz M. The impact of network structure on knowledge transfer: An application of social network analysis in the context of regional innovation networks ［J］. The Annals of Regional Science, 2010, 44: 21-38.

［91］Erazo M A, Rong R, Liu J. Symbiotic network simulation and emulation ［J］. Acm Transactions On Modeling and Computer Simulation（Tomacs）,

2015, 26 (1): 1-25.

[92] Cruz-Gonzalez J, Lopez-Saez P, Navas-López J E. Absorbing knowledge from supply-chain, industry and science: The distinct moderating role of formal liaison devices on new product development and novelty [J]. Industrial Marketing Management, 2015 (47): 75-85.

[93] 刘国巍. 产学研合作创新网络时空演化模型及实证研究——基于广西 2000—2013 年的专利数据分析 [J]. 科学学与科学技术管理, 2015, 36 (4): 64-74.

[94] 周锐波, 邱奕锋, 胡耀宗. 中国城市创新网络演化特征及多维邻近性机制 [J]. 经济地理, 2021, 41 (5): 1-10.

[95] 李晓娣, 张小燕. 区域创新生态系统共生对地区科技创新影响研究 [J]. 科学学研究, 2019, 37 (5): 909-918.

[96] Tansley A G. The use and abuse of vegetation alterms and concepts [J]. Ecology, 1935, 16 (3): 284.

[97] Aydalot P, Keeble D. High technology industry and innovative environments [J]. The European Experience, 1988.

[98] 贾亚男. 关于区域创新环境的理论初探 [J]. 地域研究与开发, 2001 (1): 5-8.

[99] 蔡秀玲. "硅谷" 与 "新竹" 区域创新环境形成机制比较与启示 [J]. 亚太经济, 2004 (6): 61-64.

[100] 王俊. R&D 补贴对企业 R&D 投入及创新产出影响的实证研究 [J]. 科学学研究, 2010, 28 (9): 1368-1374.

[101] 梅亮, 陈劲, 刘洋. 创新生态系统: 源起、知识演进和理论框架 [J]. 科学学研究, 2014, 32 (12): 1771-1780.

[102] Perry-Smith J E, Shalley C E. The social side of creativity: A static and dynamic social network perspective [J]. Academy of Management Review, 2003, 28 (1): 89-106.

[103] 李政, 杨思莹. 财政分权、政府创新偏好与区域创新效率 [J].

管理世界，2018，34（12）：29-42.

[104] Zhang W，Pingfeng L，Zhang J. Multi‐group symbiotic evolution mechanism in an innovative ecosystem：Evidence from China［J］. Revista De Cercetare Si Interventie Sociala，2019，66：249.

[105] 马文甲，高良谋. 开放度与创新绩效的关系研究——动态能力的调节作用［J］. 科研管理，2016，37（2）：47-54.

[106] 李宇，刘乐乐. 创新生态系统的知识治理机制与知识共创研究［J］. 科学学研究，2022：1-16.

[107] 史普润，李昆，贾军. 国家高新区创新平台效应的实证研究［J］. 科研管理，2019，40（12）：21-30.

[108] 王康，李逸飞，李静，等. 孵化器何以促进企业创新？——来自中关村海淀科技园的微观证据［J］. 管理世界，2019，35（11）：102-118.

[109] 卫平，高小燕. 中国大学科技园发展模式转变研究——基于北京、上海、武汉等多地大学科技园调查及中外比较分析［J］. 科技管理研究，2019，39（21）：20-25.

[110] 董伟，颜泽贤. 知识创新系统的涌现特征和机理探析［J］. 科技管理研究，2007（10）：227-229.

[111] 阿米登. 知识经济的创新战略［M］. 北京：新华出版社，1998.

[112] 王学智，汤书昆，谢广岭. 知识管理中知识创新的促进方式与路径——企业知识创新视角［J］. 贵州社会科学，2017（9）：107-111.

[113] Zhang D，Wang C，Zheng D，et al. Process of innovation knowledge increase in supply chain network from the perspective of sustainable development［J］. Industrial Management & Data Systems，2018，118（4）：873-888.

[114] Huber G P. Organizational learning：The contributing processes and the literatures［J］. Organization Science，1991，2（1）：88-115.

[115] Samaddar S，Kadiyala S S. An analysis of interorganizational resource sharing decisions in collaborative knowledge creation［J］. European Journal of Operational Research，2006，170（1）：192-210.

［116］胡延平，刘晓敏．知识联盟中的知识创新过程研究——对 SECT 模型的再认识［J］．经济与管理，2008（7）：31-34.

［117］Nonaka I，Takeuchi H．The knowledge-creating company：How Japanese companies create the dynamics of innovation［J］．Long Range Planning，1996，4（29）：592.

［118］杨波．系统动力学建模的知识转移演化模型与仿真［J］．图书情报工作，2010，54（18）：89-94.

［119］张国峰．产学研联盟的知识转移机制及治理模式研究［D］．大连理工大学博士学位论文，2012.

［120］韩蓉，林润辉．基于自组织临界性理论的知识创新涌现分析［J］．科学学与科学技术管理，2014，35（4）：74-79.

［121］李言睿，马永红．区域创新网络的网络特征对知识创新绩效的影响研究［J］．预测，2021，40（5）：83-89.

［122］Phelps C C．A longitudinal study of the influence of alliance network structure and composition on firm exploratory innovation［J］．Academy of Management Journal，2010，53（4）：890-913.

［123］禹献云，曾德明，陈艳丽，等．技术创新网络知识增长过程建模与仿真研究［J］．科研管理，2013，34（10）：35-41.

［124］Zhou K Z，Li C B．How knowledge affects radical innovation：Knowledge base，market knowledge acquisition，and internal knowledge sharing［J］．Strategic Management Journal，2012，33（9）：1090-1102.

［125］Xie X，Zou H，Qi G．Knowledge absorptive capacity and innovation performance in high-tech companies：A multi-mediating analysis［J］．Journal of Business Research，2018，88：289-297.

［126］吴增源，周彩虹，易荣华，等．开放式创新社区集体智慧涌现的生态演化分析——基于知识开放视角［J］．中国管理科学，2021，29（4）：202-212.

［127］Zhao S，Jiang Y，Peng X，et al．Knowledge sharing direction and innovation performance in organizations: Do absorptive capacity and individual creativity matter? [J]. European Journal of Innovation Management, 2021, 24 (2): 371-394.

[128] Nasiri M, Saunila M, Rantala T, et al. Sustainable innovation among small businesses: The role of digital orientation, the external environment, and company characteristics [J]. Sustainable Development, 2022, 30 (4): 703-712.

[129] Feldman M P. The geography of innovation [M]. Springer Science & Business Media, 1994.

[130] Feldman M P, Audretsch D B. Innovation in cities: Science-based diversity, specialization and localized competition [J]. European Economic Review, 1999, 43 (2): 409-429.

[131] 李习保. 区域创新环境对创新活动效率影响的实证研究 [J]. 数量经济技术经济研究, 2007 (8): 13-24.

[132] 吴玉鸣. 大学知识创新与区域创新环境的空间变系数计量分析 [J]. 科研管理, 2010, 31 (5): 116-123.

[133] 赵东霞, 郭书男, 周维. 国外大学科技园"官产学"协同创新模式比较研究——三螺旋理论的视角 [J]. 中国高教研究, 2016 (11): 89-94.

[134] 袁航, 朱承亮. 国家高新区推动了中国产业结构转型升级吗 [J]. 中国工业经济, 2018 (8): 60-77.

[135] 邹济, 杨德林, 郭依迪, 等. 被孵企业知识共享治理: 以智能制造孵化器洪泰智造为例 [J]. 南开管理评论, 2022: 1-26.

[136] Gianluca C. The ecology of technological progress: How symbiosis and competition affect the growth of technology domains [J]. Social Forces, 2010 (5): 2163-2187.

[137] 李天放, 冯锋. 跨区域技术转移网络测度与治理研究——基于共生理论视角 [J]. 科学学研究, 2013, 31 (5): 684-692.

[138] Kijkasiwat P, Wellalage N H, Locke S. The impact of symbiotic relations on the performance of micro, small and medium enterprises in a small-town

context：The perspective of risk and return ［J］. Research in International Business and Finance，2021，56：101388.

［139］宁连举，刘经涛，肖玉贤，等. 数字创新生态系统共生模式研究 ［J］. 科学学研究，2022，40（8）：1481−1494.

［140］Xu J，Wu H，Zhang J. Innovation research on symbiotic relationship of organization's tacit knowledge transfer network ［J］. Sustainability，2022，14（5）：3094.

［141］Berman S L，Down J，Hill C W. Tacit knowledge as a source of competitive advantage in the National Basketball Association ［J］. Academy of Management Journal，2002，45（1）：13−31.

［142］Hansen M T. Knowledge networks：Explaining effective knowledge sharing in multiunit companies ［J］. Organization Ence，2002，13.

［143］刘浩. 产业间共生网络的演化机理研究 ［D］. 大连理工大学博士学位论文，2010.

［144］Domenech T，Davies M. Structure and morphology of industrial symbiosis networks：The case of Kalundborg ［J］. Procedia−Social and Behavioral Sciences，2011，10：79−89.

［145］Tröster C，Mehra A， van Knippenberg D. Structuring for team success：The interactive effects of network structure and cultural diversity on team potency and performance ［J］. Organizational Behavior and Human Decision Processes，2014，124（2）：245−255.

［146］俞兆渊，鞠晓伟，余海晴. 企业社会网络影响创新绩效的内在机理研究——打开知识管理能力的黑箱 ［J］. 科研管理，2020，41（12）：149−159.

［147］朱志红，刘琦雯，薛大维. 产学研耦合共生网络稳定性对城市创新能力的影响 ［J］. 华北水利水电大学学报（社会科学版），2020，36（6）：1−9.

［148］杜运周，贾良定. 组态视角与定性比较分析（QCA）：管理学研

究的一条新道路 [J]. 管理世界，2017（6）：155-167.

[149] Cooke P, Uranga M G, Etxebarria G. Regional innovation systems: Institutional and organisational dimensions [J]. Research Policy, 1997, 26 (4-5): 475-491.

[150] Autio E. Evaluation of RTD in regional systems of innovation [J]. European Planning Studies, 1998, 6 (2): 131-140.

[151] Asheim B T, Isaksen A. Regional innovation systems: The integration of local 'sticky' and global 'ubiquitous' knowledge [J]. The Journal of Technology Transfer, 2002, 27 (1): 77-86.

[152] 黄鲁成. 关于区域创新系统研究内容的探讨 [J]. 科研管理，2000（2）：43-48.

[153] Doloreux D. Regional innovation systems in the periphery: The case of the Beauce in Québec (Canada) [J]. International Journal of Innovation Management, 2003, 7 (1): 67-94.

[154] Gertler M S. Tacit knowledge and the economic geography of context, or the undefinable tacitness of being (there) [J]. Journal of Economic Geography, 2003, 3 (1): 75-99.

[155] Fritsch M, Aamoucke R. Regional public research, higher education, and innovative start-ups: An empirical investigation [J]. Small Business Economics, 2013, 41: 865-885.

[156] Morgan K. The exaggerated death of geography: Learning, proximity and territorial innovation systems [J]. Journal of Economic Geography, 2004, 4 (1): 3-21.

[157] Asheim B T, Boschma R, Cooke P. Constructing regional advantage: Platform policies based on related variety and differentiated knowledge bases [J]. Regional Studies, 2011, 45 (7): 893-904.

[158] 曾国屏，苟尤钊，刘磊. 从"创新系统"到"创新生态系统" [J]. 科学学研究，2013，31（1）：4-12.

［159］吴金希. 创新生态体系的内涵、特征及其政策含义［J］. 科学学研究，2014，32（1）：44-51.

［160］王仁文. 基于绿色经济的区域创新生态系统研究［D］. 中国科学技术大学博士学位论文，2014.

［161］De Bary A. Die erscheinung der symbiose：Vortrag gehalten auf der versammlung deutscher naturforscher und aerzte zu cassel［M］. Trübner，1879.

［162］朱桂龙，温敏瑢. 从创意产生到创意实施：创意研究评述［J］. 科学学与科学技术管理，2020，41（5）：69-88.

［163］刘晓云，赵伟峰. 我国制造业协同创新系统的运行机制研究［J］. 中国软科学，2015（12）：144-153.

［164］李梅芳，刘国新，刘璐. 企业与高校对产学研合作模式选择的比较研究［J］. 科研管理，2012，33（9）：154-160.

［165］罗文. 互联网产业创新系统及其运行机制［J］. 北京理工大学学报（社会科学版），2015，17（1）：62-69.

［166］Reichardt K，Negro S O，Rogge K S，et al. Analyzing interdependencies between policy mixes and technological innovation systems：The case of offshore wind in Germany［J］. Technological Forecasting and Social Change，2016，106：11-21.

［167］Law S H，Lee W C，Singh N. Revisiting the finance-innovation nexus：Evidence from a non-linear approach［J］. Journal of Innovation & Knowledge，2018，3（3）：143-153.

［168］Alexander E A. The effects of legal，normative，and cultural-cognitive institutions on innovation in technology alliances［J］. Management International Review，2012，52：791-815.

［169］Utterback J M，Suárez F F. Innovation，competition，and industry structure［J］. Research Policy，1993，22（1）：1-21.

［170］Woo S，Jang P，Kim Y. Effects of intellectual property rights and patented knowledge in innovation and industry value added：A multinational empirical analysis of different industries [J]. Technovation, 2015, 43: 49-63.

[171] Kilelu C W, Klerkx L, Leeuwis C. Unravelling the role of innovation platforms in supporting co-evolution of innovation: Contributions and tensions in a smallholder dairy development programme [J]. Agricultural Systems, 2013, 118: 65-77.

[172] 李煜华, 武晓锋, 胡瑶瑛. 共生视角下战略性新兴产业创新生态系统协同创新策略分析 [J]. 科技进步与对策, 2014, 31 (2): 47-50.

[173] 解学梅, 韩宇航, 代梦鑫. 企业开放式创新生态系统种群共生关系与演化机理研究 [J]. 科技进步与对策, 2022, 39 (21): 85-95.

[174] 赵艺璇, 成琼文, 李紫君. 共生视角下技术主导型与市场主导型创新生态系统价值共创组态路径研究 [J]. 科技进步与对策, 2022, 39 (11): 21-30.

[175] Kapoor K, Bigdeli A Z, Dwivedi Y K, et al. A socio-technical view of platform ecosystems: Systematic review and research agenda [J]. Journal of Business Research, 2021, 128: 94-108.

[176] 张雷勇, 冯锋, 肖相泽, 等. 产学研共生网络: 概念、体系与方法论指向 [J]. 研究与发展管理, 2013, 25 (2): 37-44.

[177] 付苗, 张雷勇, 冯锋. 产业技术创新战略联盟组织模式研究——以 TD 产业技术创新战略联盟为例 [J]. 科学学与科学技术管理, 2013, 34 (1): 31-38.

[178] Balland P. Proximity and the evolution of collaboration networks: Evidence from research and development projects within the global navigation satellite system (GNSS) industry [J]. Regional Studies, 2012, 46 (6): 741-756.

[179] Ankrah S, Omar A. Universities-industry collaboration: A systematic review [J]. Scandinavian Journal of Management, 2015, 31 (3): 387-408.

[180] Trippl M, Grillitsch M, Isaksen A. Exogenous sources of regional industrial change: Attraction and absorption of non-local knowledge for new path development [J]. Progress in Human Geography, 2018, 42 (5): 687-705.

［181］Le Gallo J, Plunket A. Regional gatekeepers, inventor networks and inventive performance：Spatial and organizational channels ［J］. Research Policy, 2020, 49 (5)：103981.

［182］Belussi F, Sammarra A, Sedita S R. Learning at the boundaries in an "Open Regional Innovation System"：A focus on firms' innovation strategies in the Emilia Romagna life science industry ［J］. Research Policy, 2010, 39 (6)：710-721.

［183］Zhao S L, Cacciolatti L, Lee S H, et al. Regional collaborations and indigenous innovation capabilities in China：A multivariate method for the analysis of regional innovation systems ［J］. Technological Forecasting and Social Change, 2015, 94：202-220.

［184］DAVE, ELDER-VASS. For emergence：Refining archer's account of social structure ［J］. Journal for the Theory of Social Behaviour, 2007, 1 (37)：25-44.

［185］索利. 英国哲学史 ［M］. 济南：山东人民出版社, 1992.

［186］拉兹洛. 用系统论的观点看世界 ［M］. 北京：中国社会科学出版社, 1985.

［187］钱学森. 论系统工程-第 2 版（增订本）［M］. 长沙：湖南科学技术出版社, 1982.

［188］Kakihara M, Sørensen C. Exploring knowledge emergence：From chaos to organizational knowledge ［J］. Journal of Global Information Technology Management, 2002, 5 (3)：48-66.

［189］王凤彬, 陈建勋. 跨层次视角下的组织知识涌现 ［J］. 管理学报, 2010, 7 (1)：17-23.

［190］王文平, 张兵. 动态关系强度下知识网络知识流动的涌现特性 ［J］. 管理科学学报, 2013, 16 (2)：1-11.

［191］花燕锋, 张龙革. 知识涌现系统运行机制的模型建构 ［J］. 现代情报, 2014, 34 (7)：50-55.

［192］ Grand J A, Braun M T, Kuljanin G, et al. The dynamics of team cognition: A process-oriented theory of knowledge emergence in teams ［J］. Journal of Applied Psychology, 2016, 101 (10): 1353-1385.

［193］ Jin F, Jin J. Research on simulation of knowledge emergence based on intelligent complexity theory ［J］. Enterprise Reform and Management, 2018 (7): 6-7.

［194］ Li M, Wang W, Zhou K. Exploring the technology emergence related to artificial intelligence: A perspective of coupling analyses ［J］. Technological Forecasting and Social Change, 2021, 172.

［195］ 胡守钧. 社会共生论 ［J］. 社会科学论坛, 2001 (1): 4.

［196］ 袁纯清. 共生理论: 兼论小型经济 ［M］. 共生理论: 兼并小型经济, 1998.

［197］ 袁纯清. 共生理论及其对小型经济的应用研究 (上) ［J］. 改革, 1998 (2): 100-104.

［198］ Wurth B, Stam E, Spigel B. Toward an entrepreneurial ecosystem research program ［J］. Entrepreneurship Theory and Practice, 2022, 46 (3): 729-778.

［199］ 胡晓鹏. 产业共生: 理论界定及其内在机理 ［J］. 中国工业经济, 2008 (9): 118-128.

［200］ 陈劲. 新形势下产学研战略联盟创新与发展研究 ［M］. 北京: 中国人民大学出版社, 2009.

［201］ Galateanu Avram E, Avasilcai S. Symbiosis process in business ecosystem ［J］. Advanced Materials Research, 2014, 1036: 1066-1071.

［202］ Armstrong K, Ahsan M, Sundaramurthy C. Microfinance ecosystem: How connectors, interactors, and institutionalizers co-create value ［J］. Business Horizons, 2018, 61 (1): 147-155.

［203］ 张旭雯, 迟景明, 何声升, 等. 共生视角下校企创新主体深度融合的内在过程机理研究——基于沈鼓集团与大连理工大学的探索性案例

［J］. 科技进步与对策, 2023, 40 （14）: 12−21.

［204］ Conner K R, Prahalad C K. A resource−based theory of the firm: Knowledge versus opportunism ［J］. Organization Science, 1996, 7 （5）: 477−501.

［205］ Grant R M. Toward a knowledge−based theory of the firm ［J］. Strategic Management Journal, 1996, 17 （S2）: 109−122.

［206］ Grandori A. An organizational assessment of interfirm coordination modes ［J］. Organization Studies, 1997, 18 （6）: 897−925.

［207］ Nickerson J A, Zenger T R. A knowledge−based theory of the firm—The problem−solving perspective ［J］. Organization Science, 2004, 15 （6）: 617−632.

［208］ Hansen M T. The search−transfer problem: The role of weak ties in sharing knowledge across organization subunits ［J］. Administrative Science Quarterly, 1999, 44 （1）: 82−111.

［209］ Bourdieu P. Le capital social ［J］. Actes De La Recherche En Sciences Sociales, 1980, 31 （1）: 2−3.

［210］ Coleman J S. Social capital in the creation of human capital ［J］. American Journal of Sociology, 1988, 94: 95−120.

［211］ Inkpen A C, Tsang E W. Social capital, networks, and knowledge transfer ［J］. Academy of Management Review, 2005, 30 （1）: 146−165.

［212］ Nieves J, Osorio J. The role of social networks in knowledge creation ［J］. Knowledge Management Research & Practice, 2013, 11 （1）: 62−77.

［213］ Wolfe R A, Putler D S. How tight are the ties that bind stakeholder groups? ［J］. Organization Science, 2002, 13 （1）: 64−80.

［214］ Schilling M A, Phelps C C. Interfirm collaboration networks: The impact of large−scale network structure on firm innovation ［J］. Management Science, 2007, 53 （7）: 1113−1126.

［215］ Wang C, Rodan S, Fruin M, et al. Knowledge networks, collaboration networks, and exploratory innovation [J]. Academy of Management Journal, 2014, 57 (2): 484-514.

[216] Breschi S, Lenzi C. Co-invention networks and inventive productivity in US cities [J]. Journal of Urban Economics, 2016, 92: 66-75.

[217] Gui Q, Liu C, Du D. Does network position foster knowledge production? Evidence from international scientific collaboration network [J]. Growth and Change, 2018, 49 (4): 594-611.

[218] Stuck J, Broekel T, Revilla Diez J. Network structures in regional innovation systems [J]. European Planning Studies, 2016, 24 (3): 423-442.

[219] Trippl M, Grillitsch M, Isaksen A. Exogenous sources of regional industrial change: Attraction and absorption of non-local knowledge for new path development [J]. Progress in Human Geography, 2018, 42 (5): 687-705.

[220] 苗东升. 论系统思维 (六): 重在把握系统的整体涌现性 [J]. 系统科学学报, 2006 (1): 1-5.

[221] Fleming L, Sorenson O. Technology as a complex adaptive system: evidence from patent data [J]. Research Policy, 2001, 30 (7): 1019-1039.

[222] Perkmann M, Walsh K. University-industry relationships and open innovation: Towards a research agenda [J]. International Journal of Management Reviews, 2007, 9 (4): 259-280.

[223] Nahapiet J, Ghoshal S. Social capital, intellectual capital, and the organizational advantage [J]. Academy of Management Review, 1998, 23 (2): 242-266.

[224] 夏后学, 谭清美, 白俊红. 营商环境、企业寻租与市场创新——来自中国企业营商环境调查的经验证据 [J]. 经济研究, 2019, 54 (4): 84-98.

[225] 杨震宁, 赵红. 中国企业的开放式创新: 制度环境、"竞合"关系与创新绩效 [J]. 管理世界, 2020, 36 (2): 139-160.

[226] 韩先锋, 宋文飞, 李勃昕. 互联网能成为中国区域创新效率提升

的新动能吗 [J]. 中国工业经济, 2019 (7): 119-136.

[227] Deng X, Zheng S, Xu P, et al. Study on dissipative structure of China's building energy service industry system based on brusselator model [J]. Journal of Cleaner Production, 2017, 150 (5): 112-122.

[228] 武萍, 隋保忠, 陈曦. 耗散结构视阈下城镇职工养老保险运行分析 [J]. 中国软科学, 2015 (5): 173-183.

[229] 苏屹. 耗散结构理论视角下大中型企业技术创新研究 [J]. 管理工程学报, 2013, 27 (2): 107-114.

[230] 王展昭, 唐朝阳. 区域创新生态系统耗散结构研究 [J]. 科学学研究, 2021, 39 (1): 170-179.

[231] 赵庆. 产业结构优化升级能否促进技术创新效率? [J]. 科学学研究, 2018, 36 (2): 239-248.

[232] 鲁元平, 张克中, 欧阳洁. 土地财政阻碍了区域技术创新吗? ——基于 267 个地级市面板数据的实证检验 [J]. 金融研究, 2018 (5): 101-119.

[233] 黄静, 吴群, 王健. 经济增长、制度环境对地方政府土地财政依赖的影响机理 [J]. 财经论丛, 2017 (12): 12-21.

[234] 谷慎, 汪淑娟. 中国科技金融投入的经济增长质量效应——基于时空异质性视角的研究 [J]. 财经科学, 2018 (8): 30-43.

[235] Kanwar S, Evenson R. Does intellectual property protection spur technological change? [J]. Oxford Economic Papers, 2003, 55 (2): 235-264.

[236] 史宇鹏, 顾全林. 知识产权保护、异质性企业与创新: 来自中国制造业的证据 [J]. 金融研究, 2013 (8): 136-149.

[237] 周建, 顾柳柳. 能源、环境约束与工业增长模式转变——基于非参数生产前沿理论模型的上海数据实证分析 [J]. 财经研究, 2009, 35 (5): 94-103.

[238] 苗长虹, 胡志强, 耿凤娟, 等. 中国资源型城市经济演化特征与影响因素——路径依赖、脆弱性和路径创造的作用 [J]. 地理研究, 2018,

37（7）：1268-1281.

[239] 董春风，司登奎. 数字普惠金融改善城市技术创新"低端锁定"困境了吗？[J]. 上海财经大学学报，2022，24（4）：62-77.

[240] 张辉. 我国产业现代化发展的结构性问题与应对策略 [J]. 人民论坛·学术前沿，2023（5）：6-14.

[241] 吴丰华，刘瑞明. 产业升级与自主创新能力构建——基于中国省际面板数据的实证研究 [J]. 中国工业经济，2013（5）：57-69.

[242] 吴超鹏，唐茜. 知识产权保护执法力度、技术创新与企业绩效——来自中国上市公司的证据 [J]. 经济研究，2016，51（11）：125-139.

[243] 龙小宁，林菡馨. 专利执行保险的创新激励效应 [J]. 中国工业经济，2018（3）：116-135.

[244] Porter M E，Linde C V D. Toward a new conception of the environment-competitiveness relationship [J]. Journal of Economic Perspectives，1995，9（4）：97-118.

[245] 何爱平，安梦天. 地方政府竞争、环境规制与绿色发展效率 [J]. 中国人口·资源与环境，2019，29（3）：21-30.

[246] 徐彪，李心丹，张珣. 区域环境对企业创新绩效的影响机制研究 [J]. 科研管理，2011，32（9）：147-156.

[247] 程云洁，王佩佩. 数字新基建对区域经济协调发展的影响研究 [J]. 技术经济与管理研究，2023（7）：109-114.

[248] 李坤望，邵文波，王永进. 信息化密度、信息基础设施与企业出口绩效——基于企业异质性的理论与实证分析 [J]. 管理世界，2015（4）：52-65.

[249] 蒋含明. 外商直接投资知识溢出、信息化水平与技术创新能力 [J]. 江西财经大学学报，2019（1）：34-42.

[250] 曲如晓，臧睿. 自主创新、外国技术溢出与制造业出口产品质量升级 [J]. 中国软科学，2019（5）：18-30.

[251] 陈继勇，盛杨怿. 外商直接投资的知识溢出与中国区域经济增长

［J］. 经济研究，2008，43（12）：39-49.

［252］孙早，宗睿. 本土需求与企业自主创新——为何合理的收入分配更有利于企业创新［J］. 财经研究，2022，48（3）：94-108.

［253］詹湘东，王保林. 区域知识管理对区域创新能力的影响研究［J］. 管理学报，2015，12（5）：710-718.

［254］白雪洁，于庆瑞. OFDI 是否导致中国"去工业化"？［J］. 财经论丛，2019（11）：3-11.

［255］潘雄锋，刘清，彭晓雪. 基于全局熵值法模型的我国区域创新能力动态评价与分析［J］. 运筹与管理，2015，24（4）：155-162.

［256］侯艳辉，李硕硕，郝敏，等. 市场绿色压力对知识型企业绿色创新行为的影响［J］. 中国人口·资源与环境，2021，31（1）：100-110.

［257］张子珍，杜甜，于佳伟. 科技资源配置效率影响因素测度及其优化分析［J］. 经济问题，2020（8）：20-27.

［258］Graham S J，Sichelman T. Why do start-ups patent［J］. Berkeley Tech. Lj，2008，23：1063.

［259］Gilsing V，Nooteboom B，Vanhaverbeke W，et al. Network embeddedness and the exploration of novel technologies：Technological distance，betweenness centrality and density［J］. Research Policy，2008，37（10）：1717-1731.

［260］Zhang Z G，Luo T Y. Technology opportunity discovery based on knowledge combination theory［J］. Science Research Management，2020，41（8）：220-228.

［261］张国兴，冯祎琛，王爱玲. 不同类型环境规制对工业企业技术创新的异质性作用研究［J］. 管理评论，2021，33（1）：92-102.

［262］王钰，胡海青，张琅. 知识产权保护、社会网络及新创企业创新绩效［J］. 管理评论，2021，33（3）：129-137.

［263］Hansen B E. Threshold effects in non-dynamic panels：Estimation，testing，and inference［J］. Journal of Econometrics，1999，93（2）：345-368.

［264］张治河，冯陈澄，李斌，等．科技投入对国家创新能力的提升机制研究［J］．科研管理，2014，35（4）：149-160.

［265］王宏起，徐玉莲．科技创新与科技金融协同度模型及其应用研究［J］．中国软科学，2012（6）：129-138.

［266］高月姣．创新主体及其交互作用产出效应研究——基于市场化程度的变系数分析［J］．南京邮电大学学报（社会科学版），2020，22（3）：44-55.

［267］Jian M, Sun F, Hayrutdinov S. Analysis of government differential weight subsidy in an emerging coastal industry supply chain［J］. Journal of Coastal Research, 2019, 94（S1）: 851-858.

［268］李汇东，唐跃军，左晶晶．用自己的钱还是用别人的钱创新？——基于中国上市公司融资结构与公司创新的研究［J］．金融研究，2013（2）：170-183.

［269］方文雷，何赛．政府补贴与企业R&D投入、产出的门槛效应——基于上市高新技术企业的实证分析［J］．金融纵横，2016（1）：65-72.

［270］Görg H, Strobl E. The effect of R&D subsidies on private R&D［J］. Economica, 2007, 74（294）: 215-234.

［271］张彦红，范勇，田晓琴．贵州省R&D经费投入中企业资金与政府资金最优结构研究［J］．科技管理研究，2014，34（12）：29-32.

［272］唐清泉，徐欣．企业R&D投资与内部资金——来自中国上市公司的研究［J］．中国会计评论，2010，8（3）：341-362.

［273］俞立平．省际金融与科技创新互动关系的实证研究［J］．科学学与科学技术管理，2013，34（4）：88-97.

［274］哈梅芳，王小琴，李建平．政府科技支出如何作用于区域创新能力？——区域创新中政府与企业、市场关系的思考［J］．技术经济，2023，42（2）：11-19.

［275］张玉喜，赵丽丽．中国科技金融投入对科技创新的作用效果——

基于静态和动态面板数据模型的实证研究［J］．科学学研究，2015，33（2）：177-184.

［276］龙跃，顾新，张莉．产业技术创新联盟知识交互的生态关系及演化分析［J］．科学学研究，2016，34（10）：1583-1592.

［277］彭晓芳，吴洁，盛永祥，等．创新生态系统中多主体知识转移生态关系的建模与实证分析［J］．情报理论与实践，2019，42（9）：111-116.

［278］何向武，周文泳．区域高技术产业创新生态系统协同性分类评价［J］．科学学研究，2018，36（3）：541-549.

［279］赵黎明，张涵．基于 Lotka-Volterra 模型的科技企业孵化器与创投种群关系研究［J］．软科学，2015，29（2）：136-139.

［280］齐丽云，汪克夷，张芳芳，等．企业内部知识传播的系统动力学模型研究［J］．管理科学，2008，21（6）：9-20.

［281］Guan J, Liu N. Exploitative and exploratory innovations in knowledge network and collaboration network：A patent analysis in the technological field of nano-energy［J］．Research Policy，2016，45（1）：97-112.

［282］张振刚，罗泰晔．基于知识组合理论的技术机会发现［J］．科研管理，2020，41（8）：220-228.

［283］付苗，张雷勇，冯锋．产业技术创新战略联盟组织模式研究——以 TD 产业技术创新战略联盟为例［J］．科学学与科学技术管理，2013，34（1）：31-38.

［284］Dyer J H, Singh H, Hesterly W S. The relational view revisited：A dynamic perspective on value creation and value capture［J］．Strategic Management Journal，2018，39（12）：3140-3162.

［285］Adler P S, Kwon S. Social capital：Prospects for a new concept［J］．Academy of Management Review，2002，27（1）：17-40.

［286］Acs Z J, Anselin L, Varga A. Patents and innovation counts as measures of regional production of new knowledge［J］．Research Policy，2002，31（7）：1069-1085.

［287］Lee D. The changing structures of co-invention networks in American urban areas ［J］. Procedia Computer Science, 2016, 96: 1075-1085.

［288］Yin S, Li B Z. Academic research institutes-construction enterprises linkages for the development of urban green building: Selecting management of green building technologies innovation partner ［J］. Sustainable Cities and Society, 2019, 48.

［289］Freitas I, Marques R A, Silva E. University-industry collaboration and innovation in emergent and mature industries in new industrialized countries ［J］. Research Policy, 2013, 42 (2): 443-453.

［290］Blomqvist K, Levy J. Collaboration capability - a focal concept in knowledge creation and collaborative innovation in networks ［J］. International Journal of Management Concepts and Philosophy, 2006, 2 (1): 31-48.

［291］Han S H, Yoon S W, Chae C. Building social capital and learning relationships through knowledge sharing: A social network approach of management students' cases ［J］. Journal of Knowledge Management, 2020, 24 (4): 921-939.

［292］Singh H, Kryscynski D, Li X, et al. Pipes, pools, and filters: How collaboration networks affect innovative performance ［J］. Strategic Management Journal, 2016, 37 (8): 1649-1666.

［293］赵康杰, 吴亚君, 刘星晨. 中国创新合作网络的演进特征及影响因素研究——以 SCI 论文合作为例 ［J］. 科研管理, 2022, 43 (7): 96-105.

［294］张化尧, 万迪昉, 袁安府, 等. 基于创新外溢性与不确定性的企业 R&D 行为分析 ［J］. 管理工程学报, 2005 (1): 60-64.

［295］张保仓. 虚拟组织网络规模、网络结构对合作创新绩效的作用机制——知识资源获取的中介效应 ［J］. 科技进步与对策, 2020, 37 (5): 27-36.

［296］Watts D J, Strogatz S H. Collective dynamics of 'small-world' networks ［J］. Nature, 1998, 393 (6684): 440-442.

［297］闫艺，韩军辉．产学研合作网络小世界性、知识基础与企业创新［J］．科技管理研究，2017，37（19）：139-146.

［298］郑向杰．合作网络"小世界性"对企业创新能力的影响——基于中国汽车行业企业间联盟网络的实证分析［J］．科技进步与对策，2014，31（13）：40-44.

［299］Granovetter M. Economic action and social structure：The problem of embeddedness［J］. 1985，91（3）：481-510.

［300］Le Gallo J，Plunket A. Regional gatekeepers，inventor networks and inventive performance：Spatial and organizational channels［J］. Research Policy，2020，49（5）：103981.

［301］Isaksen A，Karlsen J. Can small regions construct regional advantages? The case of four Norwegian regions［J］. European Urban and Regional Studies，2013，20（2）：243-257.

［302］Blundell R，Bond S. Initial conditions and moment restrictions in dynamic panel data models［J］. Journal of Econometrics，1998，1（87）：115-143.

［303］De Noni I，Orsi L，Belussi F. The role of collaborative networks in supporting the innovation performances of lagging-behind European regions［J］. Research Policy，2018，47（1）：1-13.

［304］Fan F，Lian H，Wang S. Can regional collaborative innovation improve innovation efficiency? An empirical study of Chinese cities［J］. Growth and Change，2020，51（1）：440-463.

［305］Bidault F，Castello A. Why too much trust is death to innovation［J］. Mit Sloan Management Review，2010，51（4）：33.

［306］Schulze A，Brojerdi G J C. The Effect of the Distance between Partners' Knowledge Components on Collaborative Innovation［J］. European Management Review，2012，9（2）．

［307］Wang C，Rodan S，Fruin M，et al. Knowledge networks，collaboration networks, and exploratory innovation [J]. Academy of Management Journal, 2014, 57 (2): 484-514.

[308] Awate S, Mudambi R. On the geography of emerging industry technological networks: The breadth and depth of patented innovations [J]. Journal of Economic Geography, 2018, 18 (2): 391-419.

[309] Afuah A. Are network effects really all about size? The role of structure and conduct [J]. Strategic Management Journal, 2013, 34 (3): 257-273.

[310] Koka B R, Prescott J E. Strategic alliances as social capital: A multi-dimensional view [J]. Strategic Management Journal, 2002, 23 (9): 795-816.

[311] Guan J, Liu N. Exploitative and exploratory innovations in knowledge network and collaboration network: A patent analysis in the technological field of nano-energy [J]. Research Policy, 2016, 45 (1): 97-112.

[312] Corral De Zubielqui G, Lindsay N, Lindsay W, et al. Knowledge quality, innovation and firm performance: A study of knowledge transfer in SMEs [J]. Small Business Economics, 2019, 53 (1): 145-164.

[313] G Tz M, Jankowska B. Clusters and Industry 4. 0-do they fit together? [J]. European Planning Studies, 2018: 1-21.

[314] Van Wijk R, Van den Bosch F, Volberda H. The impact of knowledge depth and breadth of absorbed knowledge on levels of exploration and exploitation: Academy of Management Annual Meeting, Annual Reviews, Washington, DC, 2001 [C].

[315] Podolny J M, Baron J N. Resources and relationships: Social networks and mobility in the workplace [J]. American Sociological Review, 1997, 62 (5): 673-693.

[316] Trappey A J, Trappey C V, Wu C, et al. A patent quality analysis for innovative technology and product development [J]. Advanced Engineering Informatics, 2012, 26 (1): 26-34.

[317] 许珂, 陈向东. 基于专利技术宽度测度的专利价值研究 [J]. 科

学学研究，2010，28（2）：202-210.

　　[318] 程文银，李兆辰，刘生龙，等．中国专利质量的三维评价方法及实证分析 [J]．情报理论与实践，2022，45（7）：95-101.

　　[319] 孙笑明，魏迎，王巍，等．组织内合作网络与超越追赶阶段企业创新绩效——组织间合作网络的调节作用 [J]．科技进步与对策，2023：1-12.

　　[320] Lau A, Lo W. Regional innovation system, absorptive capacity and innovation performance: An empirical study [J]. Technological Forecasting and Social Change, 2015, 92: 99-114.

　　[321] Grigoriou K, Rothaermel F T. Organizing for knowledge generation: Internal knowledge networks and the contingent effect of external knowledge sourcing [J]. Strategic Management Journal, 2017, 38（2）: 395-414.

　　[322] 池毛毛，杜运周，王伟军．组态视角与定性比较分析方法：图书情报学实证研究的新道路 [J]．情报学报，2021，40（4）：424-434.

　　[323] Dul J. Identifying single necessary conditions with NCA and fsQCA [J]. Journal of Business Research, 2016, 69（4）: 1516-1523.

　　[324] 杜运周，刘秋辰，陈凯薇，等．营商环境生态、全要素生产率与城市高质量发展的多元模式——基于复杂系统观的组态分析 [J]．管理世界，2022，38（9）：127-145.

　　[325] 林艳，卢俊尧．什么样的数字创新生态系统能提高区域创新绩效——基于 NCA 与 QCA 的研究 [J]．科技进步与对策，2022，39（24）：19-28.

　　[326] Thai T D, Wang T. Investigating the effect of social endorsement on customer brand relationships by using statistical analysis and fuzzy set qualitative comparative analysis（fsQCA）[J]. Computers in Human Behavior, 2020, 113: 106499.

　　[327] Ragin C C. The limitations of net-effects thinking [M] //Innovative comparative methods for policy analysis: Beyond the quantitative - qualitative divide. Springer, 2006: 13-41.

［328］Rihoux B, De Meur G. L' analyse quali-quantitative comparée（AQQC-QCA）：approche, techniques et applications en sciences humaines ［J］. L' analyse Quali-Quantitative Comparée（Aqqc-Qca），2002：1-176.

［329］张智光. 林业生态安全的共生耦合测度模型与判据［J］. 中国人口・资源与环境，2014，24（8）：90-99.

［330］Yang C, Huang J, Lin Z, et al. Evaluating the symbiosis status of tourist towns：The case of Guizhou Province, China ［J］. Annals of Tourism Research，2018，72：109-125.

［331］张小燕，李晓娣. 我国区域创新生态系统共生性分类评价［J］. 科技进步与对策，2020，37（12）：126-135.

［332］Schneider C Q, Wagemann C. Standards of good practice in qualitative comparative analysis（QCA）and fuzzy-sets ［J］. Comparative Sociology，2010，9（3）：397-418.

［333］Dul J, Van der Laan E, Kuik R. A statistical significance test for necessary condition analysis ［J］. Organizational Research Methods，2020，23（2）：385-395.

［334］张铭，曾静，曾娜，等. "技术—组织—环境"因素联动对互联网企业数字创新的影响——基于 TOE 框架的模糊集定性比较分析与必要条件分析［J］. 科学学与科学技术管理，2023：1-23.

［335］Vis B, Dul J. Analyzing relationships of necessity not just in kind but also in degree：Complementing fsQCA with NCA ［J］. Sociological Methods & Research，2018，47（4）：872-899.

［336］Dul J, Hak T, Goertz G, et al. Necessary condition hypotheses in operations management ［J］. International Journal of Operations & Production Management，2010，30（11）：1170-1190.

［337］Greckhamer T, Furnari S, Fiss P C, et al. Studying configurations with qualitative comparative analysis：Best practices in strategy and organization research ［J］. Strategic Organization，2018，16（4）：482-495.

［338］马鸿佳，王亚婧，苏中锋．数字化转型背景下中小制造企业如何编排资源利用数字机会？——基于资源编排理论的 fsQCA 研究［J］．南开管理评论，2022：1-18.

［339］董津津，陈关聚，陈艺灵．协同创新如何避免价值共毁？——参与者异质性视角的模糊集定性比较分析［J］．科学学研究，2022，40（3）：565-576.

［340］贾建锋，刘伟鹏，杜运周，等．制度组态视角下绿色技术创新效率提升的多元路径［J］．南开管理评论，2023：1-23.

［341］Frank A. Über die Symbiose der Pilze mit Pflanzenwurzeln［J］. Berichte der Deutschen Botanischen Gesellschaft，1885，3：128-145.

［342］Pfeffer W. Die Physiologie der Pflanzen und Pilze［M］. Engelm-ann，1887.

［343］Margulis L. The origin of mitosing eukaryotic cells［J］. Journal of Theoretical Biology，1970，26（3）：423-442.